# SAINT VINCENT DE SENTES.

Sanche del.

Lith G. Bonnesaigt, Dax.

S^t. VINCENT DE SENTES.

# SAINT VINCENT DE SENTES,

## PATRON DE DAX,

# ET SA CATHÉDRALE,

HISTORIQUE ET ARCHÉOLOGIQUE,

PAR

**AUGUSTE DOMPNIER,**

Avocat et premier adjoint de la ville de Dax.

Deus et Patria.

**DAX,**

IMPRIMERIE ET LITHOGRAPHIE DE G. BONNEBAIGT.

Nous dédions cet opuscule à nos concitoyens. Ceux d'entre eux qu'une étroite sympathie rapprocha plus intimement de nous, verront dans la part qui leur revient une pensée du cœur à laquelle ils ne seront peut-être pas indifférents. Ceux qui, plus éloignés, ne jugent chaque chose que par l'esprit, voudront bien ne pas trouver mauvais que nous placions sous leur patronage une idée sérieuse que nous aurions désiré formuler d'une manière plus digne. Tous ainsi, dans la grande famille de la cité, pourront s'intéresser avec un même droit à cette œuvre si éminemment locale que, rappelant la tradition, l'histoire et les monuments de Saint-Vincent de Sentes, elle redit la tradition, l'histoire et les monuments de leurs pères.

Nous serons heureux que nos concitoyens daignent accepter cette étude avec une bienveillance égale au dévouement dont nous nous sentons si profondément pénétré pour eux et pour notre commune patrie.

AUGUSTE DOMPNIER.

# AVANT-PROPOS.

Un jour de l'hiver dernier, nous entrâmes dans l'ancien cimetière de Saint-Vincent de Sentes où de grands travaux de déblaiement étaient en cours d'exécution. A mesure que les terres s'enlevaient pour les besoins de l'agriculture, de vieux blocs de maçonnerie étaient mis à nu; des substructions appartenant à des époques reculées se découvraient peu à peu, courant de l'est à l'ouest parallèlement à l'église actuelle et paraissant se relier à ses fondements avec une certaine harmonie. De larges crevasses dans le sol livraient passage à des bières de la veille que le temps avait presque détruites et à des sarcophages plusieurs fois séculaires que la terre rendait dans toute leur intégrité. Des mains avides fouillaient cette poussière des morts pour en retirer quelques menues monnaies, quelques objets symboliques, et puis tout ce qui était os, tout ce qui avait été chair s'entassait indistinctement dans une grande caisse, sorte de charnier ou de *puticole*, pour de là être versé dans la fosse commune du nouveau cimetière. C'était bien l'égalité devant la mort. Cette terre, grasse de détritus humains tant de fois renouvelés, était jonchée d'ossements et de crânes blanchis, de débris d'urnes et de pots ayant servi à des inhumations d'un autre âge, de planches de sapin à demi consumées par la pourriture, de morceaux de sarcophages, de briques romaines, le tout mêlé à des fragments d'architecture d'époque et de styles différents. Une foule d'objets sans valeur pour le vulgaire, mais véritables trésors d'histoire et d'archéologie, gisaient ça et là, sans ordre, sans destination, sans maître, attendant des hommes cette rapide et complète destruction que le temps avait été impuissant à leur donner (1).

Alors nous songeâmes tristement à cette antique cathédrale de Saint-Vincent de Sentes, aujourd'hui chétive église sans caractère, déchue de ses splendeurs. Il ne nous parut pas impossible que la terre eût conservé quelques débris précieux à l'aide desquels il serait désormais facile de reconstruire, sur des documents ravis aux tombeaux, l'histoire de l'apôtre de notre cité et de ce sanctuaire vénérable dont nos yeux voyaient aujourd'hui les vestiges pour

---

(1) Voir la note A.

la dernière fois. Nous désirâmes vivement, nous attendîmes longtemps le chroniqueur qui voulût ressusciter avec l'éclat de son talent et toute l'autorité de la science ce que le passé avait offert d'intéressant pour ces lieux où nos pères aimèrent tant à prier. Ce fut en vain; et tandis que nous espérions encore, l'œuvre de dévastation s'achevait autour de nous; le cimetière bosselé de tombeaux s'aplanissait; les sarcophages devenaient des auges; chaque jour, chaque heure emportait au loin quelques débris dérobés à la science, et le vent balayait cette terre qui deviendrait demain une page illisible pour tous. Nous résolûmes alors de réunir tous ces débris épars et de les conserver comme un dépôt; de reconstruire sur ces vagues indices sauvés d'une dernière et complète destruction, comme la silhouette de ces monuments dont la science pourrait un jour arrêter plus nettement les lignes, et de faire précéder cette étude de la partie légendaire et historique de la vie de Saint-Vincent de Sentes. En effet, comment parler de ruines sans dire les monuments d'où elles proviennent? et ces monuments, qui comprendrait leur signification sans remonter à la cause de leur origine, à l'esprit de leur fondation, c'est-à-dire si l'histoire de l'apôtre de la Novempopulanie, du patron de la Cité, autour duquel l'éloignement a accumulé d'épaisses ténèbres, ne venait naturellement se placer au point culminant de notre œuvre.

De là, deux parties distinctes dans notre travail : Histoire et Archéologie.

Mais cette œuvre, s'il est vrai que le public daigne s'en occuper, comment sera-t-elle accueillie? De graves réflexions font hésiter notre plume. Ce n'est pas, nous disons-nous, sans une certaine appréhension que des personnes, dont nous respectons d'ailleurs les susceptibilités, voient un chroniqueur porter la discussion sur des points historiques intimement liés à leurs croyances les plus chères. S'agit-il d'un fait isolé remontant à ces époques barbares où la légende et l'histoire ont leur part dans chaque événement, part jusqu'à cette heure indéfinie et que la science tend à préciser? elles tremblent que ce fait légué traditionnellement jusqu'à nos jours à l'ombre de la foi, incapable désormais de supporter les investigations de la critique, ne s'évanouisse tout à fait. Est-il question de projeter un rayon de lumière sur une de ces grandes figures des premiers martyrs de l'Eglise pour la retirer de ce vague mystérieux où l'avaient plongée des siècles de barbarie, et de rallumer une étoile sur son front obscurci? il leur semble déjà la voir descendre de son piédestal usé par les adorations, tandis que la foule incrédule lui arrache sa couronne de martyr et la jette aux gémonies. Telle image, disent-elles, un peu décolorée par le souffle des âges s'efface à l'éclat du soleil; telle médaille soumise à des réactifs trop violents devient fruste ; telle statue dont un ciseau moderne accusera plus nettement le profil ébréché par le temps ne sera plus bientôt qu'un objet informe, impuissant à rappeler le moindre souvenir. Laissez notre apôtre la tête comme voilée par son nimbe nuageux, il est vrai, mais toujours brillant aux yeux de la foi! Quinze siècles ont étendu leur épais brouillard entre son apostolat et notre génération, pourquoi marcher à reculons dans cette nuit sombre où le flambeau de la science ne vous sera peut-être que d'un secours stérile et dangereux!

Nous répondons uniquement pour que notre pensée ne soit pas travestie : Restaurer n'est pas faire des ruines; un fait ne peut que gagner à être retiré de la confusion, qui est la nuit, pour s'éclairer au jour de la vérité ; les croyances de nos pères n'ont rien à redouter de l'esprit d'analyse, et pour nous servir des mêmes comparaisons : un tableau ne perdra pas de sa valeur parce que la poussière qui le recouvrait aura disparu, parce qu'on lui aura assigné une date et une origine certaines, parce que la lumière éloignée de lui durant des siècles l'aura soudainement illuminé.

Hâtons-nous donc d'apporter sans crainte notre humble pierre à cette œuvre de restauration, ou pour mieux dire de conservation. Ces monuments qui glorifient le passé de notre pays, d'autres, nous l'avons dit, les élèveront plus haut que nous sans dédaigner peut-être les matériaux que nous aurons semés à l'avance sur leur route. La malice et l'incurie des hommes ont dispersé les manuscrits les plus précieux, anéanti des documents de pierre que nous aurions aimé à déchiffrer; ceux qu'une pensée énergique et constante nous ont fait retirer de l'oubli s'effacent et deviennent illisibles : le temps en jaunit le papier, en détruit les fragments, en altère les contours, et le peu qu'il en reste ira bientôt augmenter la poussière du passé.

Rien ne plaît donc à notre ardent patriotisme comme de leur donner aujourd'hui cette nouvelle vie qui bravera désormais l'injure du temps et celle des hommes. Nous avons tenté de le faire en l'absence de tous, parce que rien de ce qui touche à notre cité tant aimée ne nous trouve indifférent, parce que nous serions heureux de l'avantage le plus minime qu'elle pût en retirer. D'ailleurs à celui qui veut le bien et qui cherche la vérité, le courage ne faillira pas, et si l'œuvre accomplie est défectueuse, il en restera toujours quelque chose qui un jour ou l'autre peut devenir utile ; cette pensée suffit à notre ambition.

# PREMIÈRE PARTIE.

## HISTOIRE.

Un faux zèle contre lequel on ne pourrait trop s'élever a souvent entraîné certains hagiographes à réléguer dans des âges chimériques l'existence des saints dont ils avaient à traduire l'histoire. La chronologie a fait justice de ces exagérations, et dans ces derniers temps, de trop grands jours ont été jetés sur cette matière pour qu'il soit permis aujourd'hui de faire remonter le martyre de St-Vincent de Sentes à l'année 59 de Jésus-Christ. Il nous paraît donc inutile de discuter cette opinion de quelques auteurs catholiques (1) qui placent les prédications de notre saint au milieu du premier siècle, sans que nous partagions toutefois l'avis de ceux qui assignent à son martyre l'année 506 (2), car ce serait tomber dans une erreur

(1) L'auteur de la Charte du monastère de Divielle, entre autres.

(2) *Guyenne monumentale et historique.*

plus impardonnable encore. En effet, si les uns peuvent jusqu'à un certain point s'étayer sur la confusion des premiers siècles de l'Eglise pour fixer arbitrairement cette époque, il n'est pas permis aux autres d'ignorer les documents du VIe siècle qui prouvent jusqu'à l'évidence combien leur opinion est erronée. Pour ne citer qu'un fait, cette même année 506, qu'ils supposent être celle de l'apostolat de St-Vincent, Gratian, troisième évêque de Dax, après avoir assisté au concile d'Agde avec les évêques de Lescar et d'Oloron, restaurait ou fondait l'antique basilique de St-Vincent. Et qu'on supprime ou non l'évêque intermédiaire, Ezentius, dont l'existence n'est point reconnue par une haute autorité dans l'Eglise (1), il est bien et dûment prouvé qu'en 506 Gratian occupait notre siège épiscopal, et que cette date par conséquent ne saurait être celle des prédications de St-Vincent. Nous avons toujours pensé que ce fait si intéressant de nos chroniques religieuses venait naturellement se placer vers le milieu du IIIe siècle, et fort de l'avis d'un auteur (2) dont l'opinion fait règle pour nous, nous n'hésitons plus à dater ces prédications de l'année 253 de l'ère chrétienne.

Ce fait une fois consigné en tête de notre travail, plusieurs questions qui demandent à être traitées avec ordre et séparément, sinon résolues d'une manière satisfaisante, se pressent sous notre plume. On supposerait à tort que les auteurs catholiques qui ont écrit

---

(1) *La Gallia Christiana.*

(2) M. l'abbé Pédegert, chan. hon., ancien directeur au grand Séminaire de Dax, auteur d'une savante notice sur Notre-Dame de Dax.

sur l'origine de St-Vincent, ses prédications, son caractère, sur le lieu et le genre de martyre dont il eut à souffrir, n'aient pas été séparés par une grande divergence d'opinions. Et d'abord la tradition, cette chronique sans fin dont chaque génération tourne une page et qui peut s'égarer, mais jamais dévier entièrement des sentiers du vrai, soit qu'elle se perpétue sourdement d'âge en âge, soit qu'elle se manifeste avec éclat sous la plume de l'annaliste ou dans la chaire sacrée, la tradition demeure pour ainsi dire muette quand nous la consultons ; pas une lueur dans cette nuit qui enveloppe de ses ombres le berceau, les travaux (1) et la tombe du fondateur de notre église. Plus nous fouillons autour de lui, plus la légende étouffe l'histoire, plus le merveilleux et l'invraisemblable l'emportent sur le vrai, sur le possible, et plus le doute nous envahit.

Voici ce que nos chroniques racontent sur la foi des mémoires de Tolède (2).

« Vincent et Lœtus, frères jumeaux, naquirent à Tolède. Turibius, leur père, et leur mère Sévera, native de Dax, les élevèrent dans la religion du Christ. La Providence les appela un jour dans nos contrées où, ne pouvant souffrir leurs ardentes prédications, le démon suscita contre eux le préfet Appolinar. Les deux frères jumeaux furent conduits par son ordre au temple de la déesse Lucine pour offrir de l'encens aux idoles. Leur refus exaspéra ce tyran qui leur fit trancher la tête,

---

(1) Voir la note B.

(2) Découvertes par les soins de nos chanoines, dit le Dyptiche de de M. Compaigne.

après qu'ils eurent souffert divers supplices. Ceci se passait sous le règne de Décius. » La chronique ajoute que les chrétiens nouvellement convertis recueillirent quelques gouttes de leur sang, les cachèrent près de leur sépulcre et y bâtirent un oratoire après que la persécution eut cessé. Une autre version (1) prétend que les idolâtres pourchassèrent St-Vincent et le trouvèrent dans une grotte où il s'était réfugié ; qu'on essaya de le séduire par des caresses et puis de l'intimider par des menaces ; que rien ne pouvant faire chanceler sa foi, on le fit battre de verges, on l'étendit sur un gril avec des charbons allumés au dessous, puis sur des pots cassés, et que finalement il fut jeté dans un feu où il mourut en chantant les louanges de Dieu. Ces deux versions diffèrent par quelques détails, mais elles sont évidemment puisées à la même source et se complètent mutuellement. Avant de poursuivre notre récit, abordons une difficulté qui se présente et que les auteurs signalent en passant.

St-Vincent, avons-nous dit, est d'origine espagnole (2) ; cependant plusieurs le font venir de la Saintonge (3), et d'autres se posent la question de savoir si notre St-Vincent n'est pas celui qui après avoir évangélisé l'Aquitaine fut recevoir à Agen la couronne du martyre (4), ou si cette conjecture n'est fondée que sur une simple ressemblance de nom. Ces trois questions

---

(1) Nous n'avons pu en découvrir la source.

(2) Martyr. espagnol. Baronius (*annales ecclesiastici*).

(3) Martyr. gall. Suppl. 1108.

(4) Tillemont.

demandent à être successivement examinées. Si St-Vincent n'est pas d'origine espagnole, en un mot, si les mémoires de Tolède sont apocryphes, il en découle forcément l'une de ces deux conséquences : ou St-Vincent est réellement venu de la Saintonge, comme le prétend le Martyrologe français, ou bien il fait double emploi avec celui d'Agen ; il y a identité entre ces deux personnages. En dehors de ces deux propositions, nous ne voyons plus que des ténèbres. Ce qui a évidemment induit en erreur les partisans de cette opinion qui donnerait à notre saint une origine *Xaintongcoise*, c'est que depuis très longtemps on s'était mis à écrire *Xaintes* au lieu de *Saintes* ou de *Sentes*, pour mieux dire (1). Le mot *Xaintes* a donc prévalu complétement, et a reçu la consécration du temps et de la juridiction diocésaine, sans qu'on puisse néanmoins, avec plus de motifs qu'autrefois, conclure de cette corrélation de noms *Xaintes* et *Xaintonge*, que cette dernière contrée vit naître notre saint patron. De semblables altérations sont fréquentes dans notre langue ; on y rencontre même certaines corruptions de même nature qui ont pour résultat, non seulement d'affecter d'une manière grave l'orthographe des noms propres, mais qui, leur ôtant toute espèce de signification et de caractère, en font quelque chose de bizarre qui n'éveille plus de souvenirs et dont on cherche en vain l'explication : véritable énigme pour ceux qui négligent de remonter à l'origine des choses.

(1) Voir la note [illegible]

Ainsi nous disons St-Geours-d'Auribat, St-Geours-de-Maremne et St-Pandelon, lorsqu'il est certain qu'on devrait dire St-Georges-d'Auribat, St-Georges-de-Maremne et St-Pantaléon (1). Avec de pareils exemples sous les yeux, alors surtout que rien n'est tenté pour remédier à cet état de choses, qu'on ne soit plus surpris que nos ancêtres aient laissé le nom primitif *Sentes*, comme nous l'expliquerons plus tard, devenir *Saintes*, pour s'écrire ensuite *Xaintes*. Nous ne pouvons leur reprocher d'avoir toléré ces diverses altérations, sans nous accuser nous-mêmes de commettre chaque jour la même faute.

Puisque St-Vincent de Sentes n'est pas venu de la Saintonge, est-il donc réellement le même personnage que St-Vincent d'Agen, comme l'avis de quelques-uns le ferait supposer? Il n'a rien moins fallu que l'observation suivante d'un auteur du siècle dernier, qui prétend que *cette conjecture ne manque pas de vraisemblance,* pour nous décider à discuter une opinion que rien ne justifie, et dont nous cherchons vainement le point de départ (2). Nous le ferons cependant, parce que nous nous sommes promis de creuser autant que faire se pourrait toutes les questions qui se rattachent à l'individualité de notre patron, et de ne rien considérer comme indifférent de ce qui peut nous aider à la mettre en lumière.

A cet effet, nous pourrions nous borner à établir entre

---

(1) Voir la note D.

(2) Voir la note E.

ces deux personnages un simple parallèle qui, détruisant à jamais toute possibilité de confusion, ferait ressortir d'une manière évidente l'écartement qui existe entre ces deux saints : les actes de St-Vincent d'Agen sont authentiques, ceux de St-Vincent de Sentes ne le sont pas. Mais continuons. On est forcé de reconnaître que le culte de St-Vincent d'Agen était autrement répandu en Europe que celui de St-Vincent de Sentes, car plusieurs villes de l'Allemagne et de la Pologne lui dressèrent des autels, et en France la cathédrale de Châlons fut placée autrefois sous son vocable ; contrairement à ce qui précède, celui de St-Vincent de Sentes ne paraît pas s'être propagé en dehors de notre diocèse (1), et cette seule différence eut dû suffire, ce nous semble, à l'auteur précité, pour le tenir en garde contre une pareille erreur (2). Ce n'est pas tout, St-Vincent de Sentes, ainsi que nous l'apprennent la tradition et les mémoires de Tolède, peut-être un peu confusément, il est vrai, reçut à Sentes, faubourg de la ville de Dax, la couronne du martyre, tandis que St-Vincent d'Agen, disciple de St-Caprais et son diacre ou lévite (3), comme on disait alors, après avoir habité le rocher que son maître aurait rendu célèbre, fut martyrisé sur la rive gauche de la Garonne.

Qu'on lise les deux légendes, et l'on se rendra encore bien mieux compte de la différence notable qui existe entre elles ; celle de St-Vincent de Sentes n'offre à pro-

---

(1) Voir la note F.
(2) Voir la note G.
(3) Voir la note H.

prement parler que confusion et embarras, tandis que celle de St-Vincent d'Agen, claire, précise dans ses détails, forme un ensemble satisfaisant, un tout complet. Et puis, on n'en peut douter, St-Vincent d'Agen n'a jamais été que lévite (1), disciple de St-Caprais, tandis que St-Vincent de Sentes nous est constamment apparu revêtu du caractère épiscopal, sans que le moindre doute ait jamais été soulevé à cet égard, soit que de son vivant il ait été réellement sacré évêque, soit qu'on lui ait conféré ce titre après sa mort comme à un des principaux chefs du christianisme dans l'Aquitaine.

A ces preuves nous pourrions en joindre une infinité d'autres, mais nous ne ferions qu'allonger inutilement notre récit. Mentionnons seulement cette vieille tradition populaire qui assigne au martyre de St-Vincent l'emplacement situé entre l'église et l'ancien presbytère, et qui pour preuve de sa lapidation assure qu'on n'est jamais parvenu à extraire les cailloux de ce terrain ; lorsqu'on les enlevait le soir, ils repoussaient la nuit suivante.

Nous avons dit que sur leur refus de présenter de l'encens aux idoles du temple de la déesse Lucine, St-Vincent et son compagnon Lœtus, que l'on suppose avoir été diacre, furent décolés après avoir souffert mille tourments. C'est à tort qu'on supposerait que ce temple dût s'élever dans le faubourg de Dax, où Vincent et Lœtus avaient confessé Jésus-Christ ; nous croyons qu'il en était éloigné. Voici nos raisons : la chronique où nous puisons ces faits ajoute que les chrétiens

---

(1) Voir la note I.

nouvellement convertis recueillirent quelques gouttes du sang de nos martyrs, les cachèrent près de leur sépulcre et y bâtirent un oratoire lorsque la persécution eut cessé. Il est certain que l'oratoire, ou pour mieux dire la crypte de St-Vincent, fut justement placée sur le lieu même du martyre, ainsi que cela se pratiquait ailleurs, c'est-à-dire près des sépulcres des chrétiens ; or ces lieux de sépultures ne pouvaient exister à côté d'un temple païen, car les décrets impériaux leur faisaient un devoir de les réléguer loin de la proximité des vivants, et eux-mêmes, pour plus de sûreté, choisissaient, à certaine distance des villes, des lieux sauvages, des grottes inconnues où ils pussent s'assembler, célébrer les mystères de leur culte et ensevelir leurs morts d'après la pratique des anciens patriarches. Ce n'était donc pas à côté d'un temple fréquenté par les idolâtres, et comme pour braver leurs dieux, que les chrétiens auraient pu jeter les fondements de leur primitive église ; or leurs sépulcres étaient situés dans le faubourg de Sentes, donc le temple de la déesse Lucine s'en trouvait éloigné. Il est probable qu'il s'élevait dans l'enceinte de la ville de Dax, car cette partie du faubourg de Sentes, située à une certaine distance de toute agglomération, ne présentait à cette époque qu'un lieu inculte, sauvage et couvert de broussailles, comme l'indique suffisamment l'étymologie de son nom (*Sentis*, broussailles), car il ne faut pas chercher ailleurs la signification de ce mot que les uns ont fait dériver de *Xaintonge* et d'autres de *Sanctis*, à raison, disent-ils, du grand nombre des reliques des saints dont l'église de St-Vincent conserva plus tard le précieux dépôt (1).

C'est dans ces lieux solitaires, selon toute probabilité réservés aux supplices et aux inhumations, que St-Vincent dédia à la Sainte-Vierge la première église commencée dans une crypte (2). On suppose même que plusieurs chrétiens vivaient là en communauté, car ce même lieu où ses cendres furent déposées après sa mort paraît avoir mérité de son vivant le nom de monastère (3). Toujours est-il qu'un oratoire s'éleva plus tard sur cette crypte qui avait servi de sépulcre aux premiers martyrs des persécutions, soit que les mystères de la religion y eussent été célébrés par St-Vincent lui-même, soit que ces lieux ne devinssent sacrés qu'après sa mort, et par suite de la construction de l'oratoire ; moitié sépulcre, moitié église, ces cryptes représentaient la foi plongeant d'abord ses racines dans le sol pour s'élever ensuite à la hauteur de la basilique et de la cathédrale.

Ce premier temple chrétien, se posant pour ainsi dire en face d'un culte ennemi, ne devait pas avoir une longue durée. L'empereur Dioclétien, qui désirait rendre aux dieux du paganisme une puissance qu'ils n'avaient pu conserver eux-mêmes, publia de nouveaux édits de persécutions. Quarante-deux ans après les faits que nous venons de rapporter, les idolâtres se ruèrent sur ces lieux vénérés qui renfermaient avec les tombeaux de St-Vincent et de Lœtus les reliques des premiers chrétiens dont les actes avaient paru dignes d'être recueil-

(1) Voir la note J.

(2) Voir la note K.

(3) Voir la note L.

lis et conservés par la tradition, et livrèrent le tout au pillage. Malgré l'empressement des païens à accomplir cette œuvre de dévastation, les chrétiens, dont le dévouement pour l'objet de leur culte s'éleva à la hauteur du danger, enlevèrent et mirent en lieu de sûreté une partie de ces reliques, devenues doublement précieuses depuis l'anéantissement de ce qu'ils n'avaient pu soustraire à la rage des idolâtres. Malheureusement, et sans doute à raison de la persécution qui régnait encore, ils moururent tous sans oser dévoiler le mystère de ce dépôt (1). Quant au reste des reliques, l'urne où elles étaient contenues fut jetée dans l'Adour (2), et, d'après certains légendaires, elles flottèrent miraculeusement le long des côtes de la Biscaye pour arriver à un des ports des montagnes de Burgos (3). D'autres prétendent, au contraire, qu'elles voguèrent, toujours miraculeusement, en remontant la Gironde jusqu'à Bourg, au confluent de la Garonne et de la Dordogne. Là, les gardes, frappés de la lumière éclatante qui les entourait, recueillirent ce dépôt sacré et le transportèrent avec pompe dans la ville. Signalons seulement l'identité de ces deux légendes espagnoles, et faisons remarquer que le second légendaire ne pouvant raisonnablement amener ces reliques à *Burgos*, par mer, ne trouve rien de mieux que de les envoyer dans la Gironde pour les faire s'arrêter à *Bourg*, persuadé d'avoir

(1) Mémoires de Tolède.
(2) Voir la note M.
(3) Mémoires de Tolède.

ainsi concilié la tradition et le bon sens (1). Il est constant que les reliques de St-Vincent et de Lœtus, soit qu'elles aient été jetées dans l'Adour, soit que les chrétiens les aient cachées dans un lieu impénétrable, ont complétement disparu depuis cette époque, et que chaque fois qu'il sera question dans notre récit des reliques de St-Vincent, cela doit s'entendre des autres reliques dont ce sanctuaire put s'enrichir dans le cours des siècles. Cependant, nous dira-t-on, depuis un temps immémorial jusqu'à la fin du siècle dernier, on voyait dans la sacristie de l'église St-Vincent, et puis au milieu du chœur un tombeau de marbre blanc qui était réputé contenir les reliques de notre patron et auprès duquel la foule venait pieusement s'agenouiller pour recourir à son intercession. Cette difficulté avait frappé avant nous M. de Compaigne, qui l'a signalée dans son Dyptiche, sans toutefois oser la résoudre ; pour cela, il eut fallu soutenir, contre l'autorité d'auteurs recommandables à juste titre, que les cendres de notre patron n'avaient pas été jetées dans l'Adour, ou se prononcer contre la tradition et l'ancienne charte de la cathédrale qui assuraient que ces reliques reposaient dans le tombeau de l'église St-Vincent. Cette inconséquence se représentera plus tard lors de la translation de ces reliques dans la cathédrale de Dax, au XVIe siècle, offrant cette même particularité que, jetées d'abord dans l'Adour ou disparues par une autre cause, et ensuite transportées dans la cathédrale de Dax, elles n'ont pour cela jamais cessé

(1) Voir note N.

d'exister à St-Vincent, où elles furent constamment l'objet du même culte que par le passé.

L'oratoire et la crypte de St-Vincent avaient donc disparu dans la grande tourmente déchaînée par Dioclétien (284) ; quarante-deux ans à peine s'étaient écoulés depuis la mort de notre glorieux martyr. Un jour vint, jour de désolation et de terreur où, comme nous l'avons dit, ces lieux vénérés furent souillés par les idolâtres, les tombeaux violés, une partie des reliques sauvée par les chrétiens, l'autre jetée dans l'Adour ou confondue dans ces ruines dont la flamme dévorait les derniers vestiges ; et puis, quand la lueur de l'incendie se fut éteinte, une nuit profonde, une nuit de deux siècles se fit autour du tombeau de St-Vincent. Pendant cette longue période, d'immenses événements s'accomplissaient au dehors. L'empire romain était devenu un vaste champ de bataille. Le vieux monde croulait, et comme si l'heure de son agonie eut retenti jusqu'au fond de leurs steppes, vingt peuples barbares s'étaient précipités au sac de la ville des Césars, avides d'assister aux sanglantes funérailles de la religion et de la civilisation païennes et de prendre enfin leur place au soleil du midi. Malheur aux nations traversées par ces hordes du nord dont la mission s'accomplit dans le carnage et la dévastation : la barbarie a bientôt passé son niveau destructeur sur ses temples, ses monuments, ses cités. Il semblait que tout dût sombrer dans cette grande débâcle qui s'étendait jusqu'aux extrémités de cet empire affaissé sur lui-même comme un géant blessé au cœur. En haut, corruption et anarchie ; en bas, esclavage et avilissement ;

guerre impitoyable de tous côtés : creuzet immense où se fondaient dans le sang les débris du vieux monde pour laisser surnager tout germe de vie dans l'avenir ; tombe des nations dont le cœur s'est retiré ; berceau des peuples rajeunis ; puis au-dessus de ce chaos et comme s'élançant à la conquête du monde, l'image resplendissante de la foi nouvelle, symbole de lumière, de paix et de fraternité. Sans doute il y eut des intermittences dans cette grande douleur dont eut à souffrir notre Eglise primitive. La patience et la résignation des victimes fatiguaient souvent la rage des bourreaux, et la persécution eut des moments de relâche dont profitaient nos pères pour se réunir auprès de ce qui avait été l'oratoire de St-Vincent. Peut-être même tentèrent-ils, dans des éclaircies d'orage, de relever de leurs ruines ces lieux sacrés dont ils n'avaient jamais désappris la route ; on peut le supposer quand surtout brillait à l'Orient le signe du Labarum, et qu'à cette vue leur cœur inondé de joie s'ouvrait à l'espoir d'une ère de paix et de tolérance ; mais que pouvait entreprendre de durable ce faible troupeau sans pasteur, qui avait presque toujours à se défendre à la fois contre les persécutions de ses maîtres et la rage de ses ennemis ? Enfin le calme paraissait devoir succéder à ces jours d'effroi et de misère, lorsque Dieu, leur ménageant encore une dernière épreuve, permit que l'arianisme vînt agiter sa torche incendiaire dans toute l'étendue de la Novempopulanie. Les édifices catholiques qui s'empressaient de renaître de leurs cendres demeurèrent inachevés ; les chrétiens furent bannis des lieux de prières, envahis par les animaux immondes; la succession des évêques rétablie de la veille fut de nouveau interrompue ; des édits rigoureux défendirent l'ordination des prêtres, et l'hérésie des rois visigoths domina dans toutes les contrées comprises entre le Tage et la Loire, le Rhône et l'Océan (1).

Cette persécution s'éteignit avec le cruel Evarix, et son successeur, Alaric II, adoptant une politique différente, permit aux chrétiens de relever leurs basiliques et de célébrer leur culte. Désireux de se réunir pour se concerter sur le gouvernement de leurs diocèses, les évêques qu'encourageait une pareille tolérance purent enfin s'assembler dans la ville d'Agde (506) et y tenir un concile. Gratian, évêque de Dax, y assista avec son métropolitain, et la succession de notre siège se trouva désormais rétablie. Avait-elle donc été réellement interrompue depuis le martyre de St-Vincent (253), ou faut-il admettre, avec la charte de Divielle, l'existence d'un évêque Ezentius, condamnant en 385 au concile de Sarragosse, conjointement avec plusieurs autres évêques d'Aquitaine, l'hérétique Priscilien (2) ? En un mot, durant cette longue période, d'autres évêques dont les noms et les actes ne sont point parvenus jusqu'à nous auraient-ils occupé notre siège épiscopal ? La *Gallia Christiana* ne reconnaît pas, il est vrai, d'Ezentius, évêque de Dax ; mais elle répond d'une manière affirmative qu'après St-Vincent le nom de plusieurs évê-

---

(1) Baïole (Histoire sacrée d'Aquitaine).

(2) Dyptiche de M. de Compaigne.

ques nous manquent (1). Bollandus critique cette opinion et place St-Vincent immédiatement avant Gratian (2); pour nous, malgré l'avis de savants jésuites, nous partageons celui de la *Gallia Christiana,* et cette existence d'évêques inconnus une fois admise, rien ne prouve que la charte de Divielle ait eu tort de relier St-Vincent à Gratian par l'évêque intermédiaire Ezentius. Toujours est-il que Gratian releva avec beaucoup d'éclat notre siège épiscopal, tant de fois renversé par les infidèles; qu'il bénit ces lieux pollués par l'idolâtrie, et qu'il bâtit (3) une église magnifique sur les ruines de l'oratoire (4). On ajoute même qu'il la consacra le 1er septembre, jour anniversaire du martyre de St-Vincent (5). Il est difficile de concilier cette dernière allégation avec la révélation que ce saint fit lui-même du jour de sa mort, quelques années plus tard. Comment supposer en effet que Gratian ait connu cette date et que son successeur à l'épiscopat l'eût ignorée.

Les légendes de St-Vincent racontent donc qu'Illidius, occupant notre siège après Gratian, une pieuse jeune fille, qui avait nom Maxima, vint lui rapporter que ce glorieux martyr et son compagnon lui étaient apparus pour faire connaître qu'après avoir combattu la puissance des tyrans et triomphé de leurs supplices, Dieu les avait récompensés par la couronne du martyre,

(1) Voir la note O.
(2) Voir la note P.
(3) Voir la partie archéologique.
(4) Voir la note Q.
(5) Mémoires de Tolède.

et lui révéler en même temps le lieu où ils avaient confessé Jésus-Christ, le genre de tourments qu'ils eurent à supporter et le jour de leur mort, qui avait eu lieu le 1er septembre (1). Il faut donc admettre que si Gratian consacra réellement sa nouvelle cathédrale le 1er septembre, cette coïncidence fut purement l'effet du hasard, ou rejeter d'une manière absolue la révélation de Maxima. Il est certain que plusieurs causes peuvent nous faire douter de son authenticité; d'abord, aucune preuve ne nous en a été laissée par Illidius ni ses contemporains, et puis, si l'on veut bien supposer que le souvenir des tourments que notre patron avait eus à supporter s'était complétement effacé par suite des malheurs des temps, il est évident que le lieu de son martyre n'étant un mystère pour personne, puisqu'il venait d'être glorifié par l'érection d'un magnifique monument, St-Vincent et Lœtus n'avaient pas besoin de le venir signaler de nouveau à la vénération des chrétiens (2).

Si, contrairement à ces observations qui nous paraissent fondées, on se sent disposé à admettre l'intervention de St-Vincent dans cette question qui ne pouvait manquer d'intéresser la ferveur de nos ancêtres, on peut prétendre à l'appui de cette opinion que la fête de St-Vincent, qui de nos jours encore est célébrée le 1er septembre, n'a pas été fixée à cette époque sans de graves motifs, et que les auteurs qui la placent au 19

---

(1) Ancien bréviaire de Dax du XIIIe siècle ; Dyptiche ; Bolland (*Acta SS*).

(2) Voir la note R.

avril (1) entendent peut-être parler de l'époque antérieure à cette révélation.

Les temps s'étaient radoucis, et suivant la discipline établie dans le royaume, l'évêque et les chanoines vivaient en commun dans la cathédrale de St-Vincent où de jeunes clercs, élevés à l'ombre des autels, étaient soumis aux études ecclésiastiques. La tradition assigne à l'évêché primitif l'emplacement actuellement occupé par l'ancienne maison de Pons. Ce fait, que nous n'avons pas le moyen de contrôler, n'est pas impossible à raison du voisinage de cet établissement de la cathédrale, mais nous ne l'avons trouvé rapporté nulle part (2).

Le calme dont ces lieux vénérés avait pu jouir depuis quelques années devait avoir un terme fatal ; à peine rasséréné, l'horison s'assombrit, des jours de deuil et de désolation pesèrent de nouveau sur nos contrées, et notre église eut à subir le sort déplorable dont souffrirent toutes ses sœurs d'Aquitaine. Ce furent d'abord les Vascons qui descendirent des croupes et des cimes neigeuses des Pyrénées, où ils se tenaient fièrement campés depuis des siècles, pour venir demander aux riantes plaines de l'Aquitaine les douceurs d'un climat plus tempéré ; puis les Maures, farouches sectateurs de l'Islam, dont l'Afrique déversait continuellement le trop plein en France, qu'ils commençaient sérieusement à entamer de la Septimanie à la Loire, et que l'Espagne cependant nous montra plus tard si

(1) Martyr. gall., Ferarius.
(2) Voir la note S.

souples à la civilisation et aux beaux-arts ; enfin les Normands, effroi de nos populations côtières, race pillarde et féroce, navigateurs intrépides pour lesquels le ciel n'avait pas assez d'orages ni la tempête assez de fureurs, connaissant l'entrée de nos hâvres, remontant nos fleuves avec audace pour saccager leurs rives ; tous, en un mot, du nord au midi, passant sur nos cités comme une trombe de feu, comme un ouragan de fer, cherchant leur équilibre dans cette partie de la France frémissante encore de ses ébranlements successifs, et y occasionnant par leur refoulement et leurs poussées irrésistibles d'immenses perturbations qui devaient se perpétuer jusqu'à leur tassement définitif. La cathédrale de Gratian ne fut pas à l'abri de leurs coups, car la ville de Dax est particulièrement citée comme ayant eu à supporter le choc alternatif de ces trois peuples (1), et comme leur devant la destruction de ses plus beaux édifices.

Notre Eglise était plongée dans l'affliction, car tout ne se bornait pas pour elle à la destruction de ses monuments ; des événements aussi terribles et aussi fréquents que ceux qu'elle avait eus à traverser ne s'étaient pas accomplis sans laisser après eux des maux incalculables dont elle gémissait profondément. Aux guerres de peuples à peuples avaient succédé des guerres intestines entre les comtes, les ducs et les gouverneurs des provinces. Au milieu de cette confusion,

(1) Chronique de Bigorre. — Charte de Mont-de-Marsan. — Compaigne. — Dupleix. — Idée historique. — Histoire de la Gascogne, par M. Monlezun, etc., etc.

l'Eglise avait perdu peu à peu tous ses biens, usurpés par les seigneurs, et ce qu'il en restait ne suffisait plus à l'entretien de son évêque. Cette triste situation était commune d'ailleurs à toutes les cathédrales de la Gascogne qui, devenues également trop pauvres pour jouir d'un évêque particulier, étaient administrées par un prélat qui occupait en même temps tous les sièges de la province. L'un d'eux, Gombaut, frère de Guillaume Sanche, duc de Gascogne, également pourvu de tous ses évêchés, releva de ses ruines la cathédrale de St-Vincent, vers 960, et fit sculpter ses armes sur la principale porte d'entrée (1). Elle dut être en effet une des premières reconstruites, d'abord parce que ce travail de réédification n'avait jamais lassé nos ancêtres, et parce qu'après la métropole elle avait le premier droit aux faveurs des gouvernants, à raison de l'antiquité de son siège. Cette nouvelle église, nécessairement amoindrie par suite de la dureté des temps, ne devait rappeler que d'une manière imparfaite la magnifique basilique de Gratian. Elle suffisait à la célébration du culte et à la glorification de ces lieux vénérés, mais elle ne satisfaisait plus sans doute la foi ardente de nos ancêtres qui s'était comme retrempée durant les malheurs de toutes sortes que notre province avait eus à supporter. D'un autre côté, fallait-il renouveler cette triste expérience d'un monument précieux élevé dans un faubourg ouvert à des ennemis que leurs instincts avides et féroces poussaient sans cesse au pillage et à la des-

(1) Dyptiche.

truction, lorsque à deux pas une ville fermée promettait liberté et sécurité à la cathédrale qui viendrait s'abriter derrière ses remparts. Le projet de transférer le siège épiscopal du faubourg de Sentes dans la ville de Dax, à peine conçu dans quelques esprits, reçut bien vite l'assentiment général. Guido, duc d'Aquitaine, et les principaux seigneurs de la Gascogne, se sentaient comme inspirés par une voix d'en haut pour hâter son exécution ; les anciens biens de l'Eglise usurpés pendant les troubles devaient en partie être restitués à cette occasion, et les habitants de Dax et de toute la contrée, nobles et riches, promirent de nombreuses donations pour relever avec éclat ce qui allait devenir comme la renaissance de notre siège épiscopal. Ce ne fut cependant que longtemps après, l'an 1052, que s'accomplit ce grand événement. A cette même époque, d'après des preuves irrécusables, Raymond de Bazas, dit le Vieux, qui exerçait l'autorité épiscopale sur presque toutes les églises matrices de la Gascogne, opéra enfin la translation du siège épiscopal de St-Vincent de Sentes dans la ville de Dax (1).

A Raymond de Bazas fut subrogé l'évêque Macaire, qui ne posséda notre évêché que deux ans et demi. Bien que notre siège épiscopal eût déjà été transféré dans la ville de Dax, ce prélat fut inhumé, sans doute d'après le désir qu'il en avait manifesté de son vivant, dans l'église de St-Vincent, où au commencement du siècle dernier on déchiffrait encore son épitaphe sur une dalle à moitié usée.

(1) Voir la note T.

Cette antique cathédrale de St-Vincent de Sentes, qui ne devait plus être au seizième siècle qu'un assemblage de constructions élevées sur des fondements d'une autre époque et soudées à des ruines, offrait encore alors quelques derniers vestiges des différents ordres architectoniques qui avaient successivement contribué à l'embellir, et qui marquaient comme les jalons de la route parcourue durant une période de siècles. Mais il était dans ses destinées qu'il ne demeurerait pas pierre sur pierre de cet édifice ; voici à quelle occasion s'accomplit ce funeste événement.

C'était en 1523 ; les Espagnols assiégeaient Bayonne et menaçaient Dax. Le capitaine Haubardin ou Hautbourdin, pour mettre la ville dont il était gouverneur en état de résister à l'ennemi, faisait abattre sans miséricorde tout ce qui pouvait gêner la défense ou favoriser l'attaque. Le palais épiscopal, cinq maisons canoniales, quatre églises ou couvents tombèrent sous la pioche des démolisseurs, et leurs matériaux furent utilisés pour ouvrir des embrasures à la partie sud et ouest des remparts, construire des chemins de ronde, restaurer le château et augmenter sa défense (1). Ces travaux s'exécutaient par ordre du roi François Ier qui plus tard indemnisa en partie ceux qui avaient supporté le plus de dommages. A l'extérieur de la ville, le couvent des nonnes de Ste-Claire dut également subir le sort commun, mais l'église de St-Vincent ne fut pas comprise dans ce premier dénombrement de monuments à

(1) Voir la note U.

abattre, sacrifices cruels qu'exigeait impérieusement le salut de la cité, car l'ennemi aurait pu se loger dans ces édifices abandonnés, et de ces abris couverts inquiéter plus sûrement la place. Quels motifs exceptèrent d'abord l'église de St-Vincent de cette mesure générale? En présence de ces parvis sacrés que les souvenirs qu'ils rappelaient, que la vénération dont ils étaient entourés semblaient défendre de toute destruction volontaire, Haubardin s'arrêta-t-il indécis? Cet édifice, qui abritait l'ancien tombeau du patron de la cité, lui apparut-il comme un lieu privilégié, inviolable, hors des atteintes des hommes? On peut le supposer, car cette démolition ne fut résolue que plus tard par le seigneur de Candalle (1), gouverneur de l'Aquitaine, comme si on en eut référé à sa haute autorité avant de prendre une aussi grave détermination. Toujours est-il qu'avant l'accomplissement de ce dernier sacrifice, le chapitre de Dax s'assembla et commit un de ses membres pour opérer la translation des reliques que l'église de St-Vincent exposait à la piété des fidèles. Le chanoine Chandau fut chargé de cet office. Par ses soins les reliques furent soigneusement recueillies dans des fioles, le corps de l'évêque Macaire tiré de son sépulcre, et le tout placé sous le maître-autel de la cathédrale de Dax. Soixante-treize ans s'écoulèrent depuis la chute totale de la cathédrale ogivale de cette dernière ville jusqu'à l'achèvement complet de l'édifice qui lui succéda, et dans cet intervalle ces reliques furent sans doute dépo-

(1) Voir la note V.

sées à la sacristie où se célébrait l'office divin, pour être de là définitivement transférées sous le maître-autel de l'église actuelle, où elles doivent se trouver aujourd'hui (1).

Des auteurs qui écrivaient au commencement du siècle dernier nous apprennent qu'à cette époque l'on voyait encore quelques restes de l'ancienne cathédrale de St-Vincent auprès des fondements sur lesquels on a bâti la petite église actuelle, et que ces derniers vestiges pouvaient donner une idée de sa belle structure (2). D'après nous, leur entière disparition peut être attribuée à deux causes : la première, c'est que sans aucun doute il s'est trouvé des gens qui ne se sont fait aucun scrupule, dans des périodes de licence, d'en arracher les derniers moëllons pour les utiliser selon leurs besoins, les plus nobles ruines ayant de tout temps été considérées dans notre pays comme une riche carrière à exploiter (3) ; la seconde, c'est que lorsque les terres voisines ont été retroussées sur le cimetière pour le nouveau tracé de la route de Tercis, ce travail a eu pour résultat d'enfouir ce qui avait échappé à la cupidité des démolisseurs. C'est précisément une partie de ces constructions que les derniers travaux de déblaiement ont mis à découvert.

Avant la révolution du siècle dernier, la foule des pèlerins s'acheminait vers le sanctuaire de St-Vincent pendant l'octave de sa fête, c'est-à-dire dans la pre-

---

(1) Voir la note X.

(2) Idée historique.

(3) Voir la note Y.

mière huitaine de septembre. Nul, en aucun temps d'ailleurs, n'aurait traversé la ville à son retour de Buglose sans venir s'agenouiller devant le tombeau de notre saint patron. Ce monument funèbre, en marbre blanc, sur le couvercle duquel était sculptée la statue de St-Vincent, son bâton pastoral à la main droite, l'index de la main gauche levé pour bénir, et foulant aux pieds l'hydre du paganisme, avait été placé dans l'abside au devant du maître-autel (1). Et comme l'aumône est sœur de la prière, nul ne se retirait sans avoir déposé aux pieds de la statue quelques monnaies destinées au besoin du culte ou au soulagement des pauvres de la paroisse. On croyait que c'était particulièrement par la guérison des migraines, douleurs de tête et ophthalmies que le saint manifestait la puissance de son intercession ; aussi n'était-il pas rare de voir à la fois plusieurs personnes prier à genoux, la tête appuyée contre le marbre du tombeau. Ce mausolée renfermait des reliques sur l'origine et le mérite desquelles l'histoire ne se prononce pas, mais chacun savait que lever le couvercle de la tombe sans une autorisation épiscopale était encourir un châtiment du ciel. D'ailleurs, l'église de St-Vincent même était vénérée entre toutes les autres et honorée d'un culte spécial. On n'avait pas encore oublié que le sol qu'on foulait avait été arrosé du sang de Vincent et Lœtus; que ces lieux furent témoins de leurs prédications et du témoignage qu'ils rendirent à Jésus-Christ, et que

---

(1) Voir la note Z.

cette église, si chétive alors et déchue de sa gloire, avait été le berceau de notre cathédrale; aussi une magnifique procession s'y rendait une fois l'an, comme pour reconnaître publiquement l'église-mère et lui rendre un solennel et magnifique hommage.

Pendant que la tourmente de 93 secouait toutes les vieilles institutions de la France et couvrait le sol de leurs débris; que la vengeance folle, aveugle des fanatiques de la destruction, non satisfaite de frapper les vivants, allait encore, funeste exagération de principes, s'attaquer aux rois dans leurs caveaux mortuaires, aux statues dans leurs niches, aux saints dans leurs tombes, pour mieux consolider l'œuvre nouvelle par l'anéantissement le plus complet du passé, l'église de St-Vincent de Sentes était témoin d'une profanation semblable à celles qui se commettaient journellement dans les lieux les plus vénérés. Une nuit, quelques hommes, sous la conduite et avec l'aide du sacristain et des deux appariteurs de la paroisse, pénétrèrent dans l'église, soulevèrent le tombeau du saint, le placèrent sur des rouleaux de bois et purent ainsi le faire parvenir jusqu'à l'entrée du cimetière. Là ils le découvrirent, et après avoir constaté qu'il ne renfermait que des ossements privés de tête, ils se retirèrent, déçus dans leur cupidité. Cette profanation fut accueillie dans la paroisse par une réprobation générale, et l'autorité ne négligea rien pour que ce scandale fût réparé au plus tôt. Tous ceux qui avaient soustrait quelques reliques furent sommés d'avoir à les rapporter dans le même lieu, car il paraît certain que la tombe, avec les ossements qu'elle renfermait, demeura quelques jours sur le cimetière, exposée à l'intempérie du ciel et aux pieux larcins des fidèles. Sur ces entrefaites, le bruit s'était répandu dans la contrée que ces violateurs de tombeaux, ces profanateurs de reliques avaient essayé de mettre le feu à ces ossements, mais qu'un violent orage, accompagné d'une pluie abondante, étant venu à éclater tout à coup, ils avaient dû se retirer avant d'avoir consommé leur horrible sacrilège. Le fait paraît controuvé (1), mais sous l'impression profonde que produisit la nouvelle de cette intervention divine, la nommée Josèphe Darjou, femme d'un maréchal ferrant de la commune, envoya au cimetière le plus jeune de ses enfants avec ordre de recueillir et de lui apporter tous les os qu'il trouverait provenant de la tombe de St-Vincent. La mission fut accomplie avec tout le discernement que pouvait y apporter un jeune enfant, et tous les ossements qui tombèrent ainsi en possession de la dame Darjou furent par elle soigneusement enfermés dans une armoire. Elle conserva précieusement ces reliques jusqu'au jour où elle put les remettre à son fils aîné, l'abbé Darjou, qui revenait d'Espagne avec d'autres prêtres, victimes comme lui de l'intolérance révolutionnaire. L'abbé Darjou administra ensuite pendant 11 ans, de 1803 à 1814, la cure de St-Vincent, et les ossements exhumés du tombeau traditionnel et longtemps conservés par sa mère furent de ses propres mains remis dans un sacorphage qui pouvait bien avoir été la tombe de St-

---

(1) Enquête de 1846.

Vincent ; mais comme les supports et le couvercle en étaient en partie brisés, ce sarcophage fut placé à l'autel latéral de gauche, de manière à lui servir pour ainsi dire de retable, et pour indiquer la nouvelle place qu'occupaient ces reliques, l'abbé Darjou fit mettre au dessus de l'autel :

*Ici est le tombeau de St-Vincent.*

Lorsque l'autel fut démoli, il y a une dixaine d'années, pour être remis à neuf, ces ossements furent trouvés intacts ; mais on jugea à propos, nous ne savons pourquoi, de les déplacer encore une fois pour les enfermer dans une boîte en zinc qui se trouve derrière l'autel, où ils dorment ignorés et solitaires.

Quant au couvercle du tombeau, représentant comme nous l'avons dit la statue du Saint gisant, brisé en deux endroits par suite de son enlèvement ou de son séjour dans le cimetière, il fut rajusté à l'aide de deux bandes de fer, à l'époque de la restauration du culte, et exposé sous le porche de l'église à la vénération des fidèles. Après une courte station à la porte de son sanctuaire, le Saint disparut un jour pour aller s'enfouir dans un coin obscur du clocher, où nous avons eu de la peine à le découvrir au milieu de divers ustensiles mis à la réforme et de débris de toutes sortes.

Avec lui se sont évanouis la foi ardente en son intercession, le culte particulier dont il était honoré, l'hommage solennel que la cathédrale venait lui rendre une fois l'an. En consultant le souvenir de son enfance, la génération actuelle peut dire que l'église de St-Vincent lui apparaissait encore alors comme un sanctuaire particulier d'où s'exhalait un parfum de culte héréditaire et d'antiquité vénérable qui réveillait la foi et stimulait la prière ; même dégradée par le temps et déchue par les hommes, elle avait peine à descendre au rang qu'elle était destinée à subir, et la foule venait encore à certaine époque encombrer ses parvis sacrés, alors que mutilée et triste dans sa solitude elle pleurait tous les monuments qui avaient rehaussé sa gloire et dont on lui avait successivement enlevé le précieux voisinage (1).

Demain tout aura disparu ; mais pour ceux qui voient dans le passé un rayon de lumière illuminant de ses feux l'aurore du présent, plutôt que le mensonge d'une nuit ténébreuse, St-Vincent de Sentes se montrera toujours comme une grande, vénérable et sainte image couvrant de son égide notre antique cité.

(1) Voir la note AA.

# SECONDE PARTIE.

## ARCHÉOLOGIE.

Tandis que les persécutions des empereurs romains forçaient les premiers chrétiens à descendre dans les catacombes pour y célébrer les mystères de leur religion, le même motif poussait les néophytes de nos contrées à creuser des asiles souterrains qui pussent leur servir de refuge pendant leur vie et de sépulcres après leur mort. Ces lieux s'appelaient cryptes. C'est donc dans une crypte située, comme nous l'avons expliqué, dans le faubourg sub-urbain de Sentes que fut déposée l'urne qui renfermait les cendres de saint Vincent et de Lœtus. Sans doute, cette crypte formait avec l'oratoire dont parlent les auteurs une *confession* ou *martyrium*. Un escalier pratiqué derrière l'autel devait descendre dans la crypte où le tombeau du saint se trouvait placé immédiatement au-dessous du maître-autel; ce saint était ordinairement le patron de l'église ou un martyr illustre. A partir du Ve ou du VIe siècle, plusieurs de ces confessions se développèrent au point de devenir une seconde église souterraine où l'on rangeait autour du patron du sanctuaire, et comme pour former les rayons de sa gloire, des reliques des saints, des ossements des martyrs et des corps d'autres personnages d'une sainteté reconnue. Les choses durent se pratiquer ainsi à Saint-Vincent de Sentes, mais nous ignorons les modifications que subit cette crypte dans le cours des âges et l'époque certaine où elle fut comblée.

Ce fut donc ce premier temple chrétien, confession ou crypte, dédié à la Vierge, que les idolâtres ruinèrent à ne pas laisser pierre sur pierre, pour mieux anéantir la pensée qui avait présidé à sa construction, et que Gratian déblaya avant de jeter les fondements de sa basilique. On peut supposer que la crypte de Saint-Vincent prit dès lors, et par suite de cette réédification, les proportions qu'affectaient communément au VIe siècle ce qu'on appelait *les saintes grottes* et qui devaient être en rapport avec l'étendue du nouvel édifice; mais il faut renoncer à savoir d'une manière certaine en quoi consistaient ces nouvelles dispositions qui s'appliquaient généralement aux cryptes et basiliques de cette époque, et dont le lecteur trouvera la description dans les ouvrages qui traitent de l'archéologie chrétienne des premiers siècles de l'Eglise.

Les derniers restes de la basilique de Gratian que l'enlèvement des terres du cimetière de Saint-Vincent ont mis à découvert, auraient suffi pour établir l'époque de cette construction, si l'histoire ne nous avait légué le souvenir des œuvres de ce prélat et leur date certaine. Ainsi le mur H (planche 3), qui court à peu près du sud au nord, présentait tous les caractères de l'ère romane primitive. L'intérieur n'était qu'un blocage en pierre de Tercis ayant acquis par le temps une excessive dureté. Du côté du sud, ce mur était parementé au moyen de petits quadrilatères en grès, séparés par une mince couche de ciment, et constituant ainsi ce qu'on appelle le *petit appareil régulier*. Nous avons constaté dans cette construction l'absence de chaînes de briques comme il en existe aux remparts de la ville, car les architectes de cette époque en plaçaient ordinairement de distance en distance, par zônes horizontales, autant pour maintenir le niveau des assises que pour l'ornement de l'édifice. A l'extrémité nord de cette construction se trouvait une fenêtre arquée reposant sur le mur que nous venons de décrire. Cette ouverture en pierre tendre n'offrait dans son cintre ni moulure ni décoration d'aucun genre, se rapportant à l'époque précitée précisément à raison de cette absence de toute ornementation (pl. 2, fig. II). Dans les terres qui comblaient l'ouverture de cette croisée fut trouvé ce beau gland en filigrane d'or avec deux cercles d'émaux provenant sans doute de quelque mître ou chappe remontant à une haute antiquité. Pour nous résumer : un pan de mur revêtu du petit appareil ; une croisée arquée entre deux contreforts, voilà quels étaient les restes de la basilique de Gratian. Si les fouilles eussent été continuées du côté de la sacristie, peut-être eût-on déblayé quelques blocs de maçonnerie de la même époque dont la direction nous eût aidé à rétablir la véritable orientation de la basilique qu'alors nous eussions pu comparer à celle des églises postérieures dont les fouilles nous ont signalé l'existence. Quoi qu'il en soit, nous pouvons considérer comme une chose certaine que l'orientation des églises de Saint-Vincent est constamment demeurée la même, sans en excepter la vieille basilique, bien que le tronçon de mur découvert paraisse se diriger un peu plus vers le nord. Pouvait-il en être autrement? L'axe de la nef principale a-t-il pu dévier? Nous ne le pensons pas, la crypte a été nécessairement le point de départ de la construction du VI$^{e}$ siècle, car c'est là qu'étaient déposées les reliques des saints, et c'est immédiatement au dessus que devait s'élever l'autel principal.

La disparition momentanée de ces premiers temples chrétiens n'avait jamais entraîné la perte absolue de la tradition du tombeau de saint Vincent; du moins, on ne peut raisonnablement le supposer, et il s'ensuit forcément que le chevet des églises postérieures dut toujours être placé au dessus de la crypte, si elle existait encore, et dans le cas contraire, au dessus de l'emplacement qu'elle avait antérieurement occupé. Là véritablement était le chevet de l'église où reposaient les cendres de son patron.

Le mur G (pl. 3) ne portait pas le même cachet d'antiquité que le précédent, auquel d'ailleurs nous pourrions difficilement le relier.

Nous avons toujours pensé qu'après la destruction de la basilique de Gratian, et peut-être bien jusqu'au X$^{e}$ siècle, les habitants de Dax tentèrent souvent de relever de leurs ruines ces lieux vénérés que de nouveaux désastres venaient bientôt après replonger dans l'anéantissement. Cette opinion se trouve confirmée par la découverte de plusieurs fondements appartenant à diverses époques, et qui formaient comme un réseau inextricable dans les parties déblayées du cimetière de St-Vincent. Dans l'impossibilité où nous étions de coordonner ces diverses constructions, nous avons dû nous borner à relever les principales et celles qui paraissaient s'harmonier entr'elles avec le plus de facilité. Pour retrouver au milieu de ce chaos un ensemble satisfaisant, un tout distinct, il nous faut évidemment reculer jusqu'au X<sup>e</sup> siècle et accepter l'église, dont les proportions se développent en **MNOPQRSXVTUVZ** (pl.3), comme *fondée* ou *restaurée* en 960 par Gombaut, évêque de Dax ; ainsi s'expriment les chroniques, sans se prononcer d'une manière plus explicite sur l'œuvre de Gombaut. On peut inférer de ces mots *restaurée* ou *fondée* que deux actions dépendantes l'une de l'autre se produisirent simultanément : la restauration du culte de saint Vincent et la construction de la nouvelle cathédrale. D'ailleurs, on se rappelle que Gombaut fit sculpter ses armes au-dessus de la porte d'entrée du nouvel édifice, et ce fait caractéristique dont l'histoire du pays nous offre de nombreux exemples, suffit à nos yeux pour lui avoir mérité de son vivant le titre de fondateur de la cathédrale de Saint-Vincent (1).

Cette seconde église, dont une partie n'a pas été dé-

(1) Voir la note BB.

blayée, mais dont nous indiquons les lignes hypothétiques correspondantes aux parties découvertes, telles que M, N, O, P (pl. 3), présente dans son développement le type parfait d'une église romane du X$^{e}$ siècle, comportant dans œuvre 48 mètres de long depuis le chevet jusqu'à la partie occidentale, et 28 mètres à l'élargissement de ses transepts. C'était presque les proportions de l'église actuelle de Dax, et l'on ne doit plus être surpris, quand on étudie le plan que nous avons reproduit de cet édifice disparu, de l'hésitation qui se manifesta chez le capitaine Haubardin le jour où la défense de la ville exigea impérieusement sa destruction. En effet, la translation du siège épiscopal ayant été opérée depuis longtemps, il y avait à craindre que la cathédrale de Gombaut ne pût jamais renaître de ses cendres, car sa raison d'être n'existait plus dans le faubourg de Sentes, en face de cette belle et riche cathédrale ogivale qui élevait ses clochetons au-dessus des vieux remparts de la cité. Aussi ses débris servirent-ils plus tard à élever, sur ce même emplacement, une église rurale aux proportions restreintes, uniquement composée d'une abside et d'une nef principale. La crypte existait-elle encore à cette époque, ou ne fut-elle tout à fait comblée qu'à la fin du siècle dernier, en 1786, lors de la construction actuelle? Voilà ce qu'il nous a été impossible de découvrir; mais nous pensons avec raison que l'église souterraine avait disparu depuis longtemps.

Nous avons remué ces débris épars qui sommeillaient depuis des siècles dans les terres du cimetière, sans rencontrer grand nombre de ces objets intéressants pour la science et que l'archéologue recherche avec tant d'avidité. Cela se conçoit ; les mêmes matériaux qui ont fait partie de plusieurs édifices ont dû, à chaque période de restauration ou de reconstruction, voir leur forme se modifier selon les règles du temps ou le caprice des architectes ; il n'en est pas qui aient pu conserver leur cachet primitif au milieu de ces transformations diverses qu'ils étaient condamnés à subir, et fussent-ils demeurés enfouis dans le cimetière, que le travail continuel qui s'opérait dans ses terres, soit pour de nouvelles fondations, soit pour les sépultures qui ne discontinuèrent jamais, aurait eu pour résultat inévitable de hâter leur destruction en les réduisant plus tôt en poussière. C'est donc par fragments que nous avons retrouvé ces tuiles angulaires ou à crochets, puis ces larges briques à rebords (fig. **X**,**XI**,**XII**, pl. **1**) ou incuses (fig. **XIII**, pl. **1**), souvenirs de l'ère gallo-romaine, ces dernières pouvant bien avoir été employées autrefois comme mosaïque, ou pour orner les murs latéraux de l'édifice, au lieu de plaques de marbre. Un bout d'entablement avec des cannelures à redan ; un morceau de pilastre représentant deux volutes séparées par une palme, ces deux objets en marbre blanc et d'un style primitif ; l'extrémité à peine reconnaissable d'un pignon ou clocheton ; des tronçons de colonnes engagées en pierre de Tartas ; un socle également en marbre blanc du **XI**e siècle ; tels sont les fragments d'architecture que nous avons pu retirer de ces décombres et qui nous ont paru trop insignifiants pour être reproduits par la lithographie.

Pour mieux élucider notre récit, nous avons préféré renoncer tout d'abord à l'ordre chronologique et traiter séparément des diverses constructions qui se sont élevées à St-Vincent sous le nom d'oratoire, de basilique, de cathédrale et d'église, pour aborder ensuite, en revenant sur nos pas, tout ce qui est relatif à son cimetière et à ses sépultures ; en un mot, à tout ce qui constitue réellement l'idée première de notre travail.

Nous avons fait pressentir, dans la première partie de notre récit, que le faubourg appelé *Sentis* pouvait bien avoir servi aux incinérations et sépultures des habitants de Dax à une époque antérieure aux prédications et au martyre de saint Vincent, c'est-à-dire au début de la période gallo-romaine. En effet, notre cité, ville forte et par conséquent fermée, dès la plus haute antiquité, devait avoir son cimetière en dehors de ses murs, l'inhumation dans l'intérieur demeurant comme à Rome le privilége exclusif des prêtres et des généraux, tandis que les bûchers communs et les grandes fosses où les cadavres s'empilaient pêle-mêle, étaient le partage du peuple.

L'ustion et l'ensevelissement, également pratiqués à Rome, devaient donc l'être partout où les armées romaines avaient imprimé leur sanglant passage, et notamment dans nos contrées où les mœurs et les usages des Aquitains avaient dû, par suite d'une occupation continue, s'effacer devant les mœurs et les usages de la nation victorieuse entrée plus avant dans la civilisation. Les fig. I, VI, VII, VIII, IX (pl. 1) représentent des amphores, des urnes cinéraires de formes diverses et l'orifice d'un pot de terre, le tout rempli d'ossements calcinés. La fig. III (pl. 2) nous montre un caveau gallo-romain qui occupait le point A. (pl. 3). Une maçonnerie assez épaisse formait les quatre côtés de ce sépulcre où étaient couchées cinq urnes de formes différentes présentant leur ouverture vers le nord, et remplies d'ossements d'enfants ; une magnifique dalle en marbre de 0 m. 3 c. d'épaisseur recouvrait le tout. Cette excavation mesurait 1 m. 60 de longueur sur 0 m. 80 c. de large. En A..(pl. 3) il s'en est trouvé une seconde également revêtue de maçonnerie, avec cette particularité qu'elle était entièrement remplie de poudre de charbon. Au centre était placé un vase en verre de grande dimension (fig. II, pl. 1) qui a été retiré à moitié brisé ; il contenait des débris d'ossements, et rangées autour de ce vase, dans du charbon pisé, on a retrouvé des têtes de chiens, de jeunes boucs et d'isards qui devaient à la substance où elles avaient été enfouies leur parfait état de conservation. Il est évident que ce caveau renfermait les ossements d'un chasseur gallo-romain, accompagnés d'objets qui pouvaient rappeler les particularités de sa vie. Quelques sarcophages de la même époque doivent trouver ici leur description. Ils n'étaient pas encore, comme nous les verrons plus tard, creusés dans un seul bloc de pierre ou de marbre, mais bien formés de grandes briques posées de champ et ne différant pas de celles que l'on retire des fondements des remparts. Là encore les ossements étaient recouverts de charbon ou de sable tamisé. Ces sarcophages primitifs qui n'étaient déjà plus des urnes, mais qui leur empruntaient encore la matière dont ils étaient composés, pourraient peut-être servir de transition entre l'ustion païenne et l'inhumation que les chrétiens pratiquèrent de bonne heure comme plus conforme à leur doctrine et à leurs souvenirs (1).

Une réflexion trouve ici sa place. Si des inhumations postérieures n'étaient pas venues en grand nombre, et durant une longue période de siècles, s'étager sur ce cimetière gallo-romain, et si ces fouilles eussent été conduites avec tant soit peu de discernement, nous n'aurions pas à regretter aujourd'hui la disparition de tant d'objets précieux renfermés dans ces urnes, pots ou amphores, et aujourd'hui perdus sans ressources. Il devait certainement exister au milieu de ces ossements calcinés et de cette poussière de morts, soit des fioles lacrymatoires, des tablettes, des fibules d'or et de bronze, des épingles ou des agrafes qui, tombées des vases brisés par le temps ou par leur extraction, ont été enlevées avec les terres qui les avoisinaient, et qu'une recherche minutieuse aurait conservées à la science. Les inhumations postérieures qui pesèrent si longtemps sur ce cimetière gallo-romain du poids de mille sarcophages n'ont pas peu contribué, nous le reconnaissons, à la destruction de ces objets d'art ou symboliques dont l'absence nous a tout d'abord frappé. Cependant, lorsqu'on songe combien de fois ce sol a été profondément labouré, soit à raison d'abord des fondations nécessitées par tant d'édifices accumulés sur le même point, en-

(1) Voir la note CC.

suite pour livrer passage aux sarcophages du moyen-âge dont le poids effondrait les caveaux des siècles précédents, ou aux cercueils modernes qui, brisant à leur tour ces mêmes sarcophages pour se faire une place dans cette terre enviée des morts, venaient encore troubler leur sommeil et déranger leur dernière disposition, on est moins surpris qu'à part quelques auges de pierre d'une nature à braver les injures du temps et les accidents de terrain, les objets fragiles et sujets à détérioration ou d'une dimension exiguë aient été retirés de ce funèbre capharnaüm en aussi petite quantité, quelle que soit d'ailleurs l'époque à laquelle ils aient appartenu. Il est probable, comme nous l'avons dit, qu'avant le martyre de saint Vincent l'incinération et l'inhumation étaient également pratiquées dans nos contrées. Les derniers fidèles au paganisme durent longtemps encore suivre l'usage établi, tandis que les prosélytes de la foi nouvelle avaient, en adoptant la religion du Christ, accepté les formes de l'inhumation chrétienne. Mais à mesure que le christianisme se répandit et généralisa ses pratiques, les usages païens se virent peu à peu remplacés par des modes différents, et l'ustion disparut à son tour avec les derniers restes de l'idolâtrie. Il dut, à cette époque, s'opérer un immense mouvement de sépulture vers le cimetière de St-Vincent, car la piété des fidèles les portait à se rapprocher de ces lieux sanctifiés par le martyre pour reposer après leur mort le plus près possible du *Saint,* tandis que les prélats, ecclésiastiques et autres personnes illustres ou d'une sainteté reconnue, trouvaient un asile dans l'intérieur même de la cathédrale. Nous ne pensons pas que la ville de Dax possédât, avant la translation (1052), un cimetière qui lui fût particulier. Il est vrai qu'un cartulaire de la Ville-Dieu assigne l'année 511 à la bénédiction d'un lieu de sépulture dans la ville de Dax ; mais il est démontré aujourd'hui que l'évêque Maxime, auquel sont attribuées la consécration de la chapelle et la bénédiction du cimetière de la ville, n'a jamais appartenu à notre diocèse, mais bien à celui d'Aix (1). Pour avoir un cimetière particulier, la ville de Dax formait-elle donc à cette époque une paroisse distincte, enclavée entre les paroisses de St-Pierre de Vic et de St-Vincent de Sentes, et dont les limites, par conséquent, de l'Orient à l'Occident, ne pouvaient dépasser les portes St-Pierre et St-Vincent? Il est permis d'en douter, et d'ailleurs rien n'aurait justifié dans l'enceinte des remparts l'établissement d'un lieu de sépulture uniquement destiné aux habitants de la ville, lorsque leur piété les portait d'une manière irrésistible vers celui de St-Vincent de Sentes, et qu'ils pouvaient d'ailleurs profiter du cimetière de la paroisse de St-Pierre de Vic ouvert sur la place actuelle de ce faubourg (2). Pouvaient-ils, du moins, aller demander une sépulture éloignée au cimetière du couvent des Templiers, situé à la Torte? Evidemment non, parce que cet asile de la mort ne fut ouvert qu'en 1153, c'est-à-dire un siècle après la translation, et que d'ailleurs le nombre

---

(1) Voir la note DD.

(2) Voir la note EE.

des personnes qui jouissaient du droit d'inhumation dans ce lieu était excessivement restreint, puisqu'il se bornait exclusivement aux chevaliers du Temple et à leurs serviteurs (1).

Plus tard de grands changements furent apportés à cet état de choses, et les fidèles désertèrent à l'envi leurs paroisses pour reposer après leur mort dans les cloîtres des communautés de la ville dont la fondation est postérieure à cette époque. En effet, les religieux de l'observance de St-François ou Cordeliers établis à Dax longtemps avant les Capucins (2) et les Carmes (3) ne datent, parmi nous, que de 1243, seize ans environ après la mort de St-François (4).

Il demeure donc incontesté que depuis les temps les plus reculés de notre histoire jusqu'à la translation, le cimetière de St-Vincent de Sentes s'ouvrait, à l'exclusion de tous, aux sépultures des cadavres de la cité, dont une très-faible partie pouvait bien encore être accueillie dans l'asile des morts de St-Pierre de Vic. La translation dut porter un coup funeste aux sépultures de St-Vincent de Sentes, car parmi les donations faites à cette occasion à l'Eglise Ste-Marie et au siège épiscopal, il en est peu de quelque importance qui ne renferment la clause expresse de l'ensevelissement du donateur dans le cloître de la cathédrale (5). Or, comme

---

(1) Voir la note FF.
(2) Voir la note GG.
(3) Voir la note HH.
(4) Bergome.
(5) Voir la note II.

ces donations furent très-nombreuses, si l'on en juge par celles que nous ont conservées les vieilles chartes du chapitre, car une noble et sainte émulation s'était emparée des fidèles du diocèse qui mettaient le plus grand empressement à se dépouiller de leurs biens pour enrichir la nouvelle église de Dax, il s'ensuit que le cimetière de St-Vincent dut être, dès le principe, entièrement délaissé par les gens les plus pieux et les plus riches, en un mot, par ceux auxquels la sainteté de leur vie et l'importance de leurs donations assignaient la première place sous les voûtes sacrées du nouvel édifice.

Ainsi durent se pratiquer les choses depuis l'époque de la translation jusqu'au commencement du siècle suivant, où l'amour seul de la nouveauté (nulle autre cause ne nous en a été transmise par les vieux auteurs) occasionna tout à coup de grands changements à l'ancien mode de sépulture dans le cloître de la cathédrale et vint porter des atteintes considérables aux droits des paroisses. Nous voulons parler de la fondation de l'abbaye de Divielle (1), dans la paroisse de Goos, assez éloignée de Dax, si l'on considère surtout l'état de la viabilité à cette époque et l'absence de tous moyens de transports.

Il est donc inutile de rechercher pour quels puissants motifs, en dehors de celui que nous avons signalé, les personnes les plus riches de la contrée désertèrent les premières les lieux où reposaient les cendres de

(1) Voir la note JJ.

leurs ancêtres pour aller demander, après leur mort, un dernier asile à l'église et aux cloîtres des Prémontrés de Divielle. Serait-ce peut-être que Navarre, leur fondateur, appartenant à la famille vicomtale de Dax, les seigneurs de l'époque se crurent obligés de contribuer, de tous leurs moyens, à l'éclat de cette œuvre, en souvenir de l'illustration de ses ancêtres, ou à raison des sentiments de haute vénération dont une vie saintement remplie le rendait digne aux yeux de la contrée? Cette explication est plausible, et quand on se rappelle surtout que les hommes sont ainsi faits, qu'en tous lieux et en tous temps l'exemple des grands fut contagieux pour ceux auxquels ce titre ne pouvait s'appliquer, on ne sera pas surpris que cette innovation se soit généralisée en peu de temps dans toute la contrée. L'Eglise de Dax gémissait profondément de l'indifférence avec laquelle les fidèles affectaient de se soustraire à leurs pasteurs ordinaires pour enrichir ainsi des fondations éloignées, lorsqu'à ses yeux rien ne paraissait justifier cette grave dérogation aux habitudes de la paroisse. Les choses en vinrent à ce point qu'en 1230, c'est-à-dire vingt ans après l'établissement des Prémontrés, l'évêque de Dax, Gratian IIe du nom, attaqua l'abbé de Divielle pour donner en son abbaye sépulture aux habitants de la ville, au préjudice de sa cathédrale. Du consentement des parties, Amanieu, archevêque d'Auch, fut appelé à vider leurs différends, et par jugement arbitral de l'année 1232, le quart des émoluments payés pour droit de funérailles fut adjugé à l'évêque de Dax et à ses chanoines. A cette époque, dit une vieille chronique, le monastère de Divielle était le cimetière du pays, et pour appui nous citerons l'exemple suivant :

En 1239, le peuple de Dax se souleva contre son évêque, Navarre de Miossans, à raison de nouvelles impositions qu'il lui infligeait sous prétexte de redevances et de dîmes, et un prêtre nommé Durand Vic, auteur de ces *désolantes inventions* (*sic*), périt sous les coups de la multitude, dans le cimetière de la cathédrale, le même jour où furent saccagées les maisons des ecclésiastiques. Henry, roi d'Angleterre, dès son arrivée à Bayonne, engagea les parties à s'en remettre à l'arbitrage de Pierre Tachepot, et par sentence de 1243 insérée au livre noir de l'Hôtel-de-Ville, il fut ordonné, entre autres choses, que le corps de Durand Vic serait retiré du cimetière de Dax, porté et enseveli honorablement en l'abbaye de Divielle.

Ce fait est caractéristique. Que pouvait-on de plus pour le défunt, si ce n'est de l'exhumer de ce cimetière abandonné au peuple pour le transporter avec pompe, conséquence naturelle de l'amende honorable à laquelle la ville venait d'être soumise, dans une terre qui semblait plus illustre, parce que ceux qu'elle recouvrait avaient eu de leur vivant la gloire et les honneurs en partage? Il est probable que les cadavres étaient embarqués sur l'Adour pour remonter ce fleuve jusqu'au point le plus rapproché de l'abbaye.

En 1343, les Cordeliers eurent aussi un cimetière dont profitèrent les habitants de Dax; mais comme celui de St-Pierre de Vic fut détruit, ainsi que l'église de cette paroisse, cinquante ans plus tard, lors du siège que les Anglais firent de notre ville, le nombre de ces asiles mortuaires demeura le même. Les siècles postérieurs virent inhumer en même temps dans les cloîtres de la cathédrale, dans la cathédrale elle-même, aux églises ou cimetières des Carmes, Capucins et Cordeliers, vers lesquels se dirigèrent toujours le plus de cadavres, tandis que l'abbaye de Divielle voyait peu à peu décroître le nombre de ses sépultures, jusqu'à la fin du XVI^e^ siècle, époque à laquelle ce monastère fut détruit par les Hugenots.

Ce que nous avons dit des diverses sépultures adoptées dans le cours des siècles par les habitants de Dax et des dates assignées par nous aux changements que la piété des uns ou le caprice des autres leur fit subir, reçoit une pleine confirmation par le caractère des sarcophages extraits du cimetière de St-Vincent de Sentes. Ainsi les plus modernes ne sont pas postérieurs au XIII^e^ siècle, car à cette époque déjà les Prémontrés de Divielle en attiraient le plus grand nombre dans leur couvent.

On a renoncé à établir un ordre chronologique absolu pour ce qui regarde les champs de sépulture, les sarcophages et tombeaux apparents; nous comprendrons, nous, entre le VII^e^ et le XIII^e^ siècle, tous ceux qui proviennent du cimetière de St-Vincent.

Les sarcophages à l'extraction desquels nous avons assisté, étaient orientés d'après cette méthode constante qui servait infailliblement à désigner une sépulture chrétienne, c'est-à-dire les pieds des cadavres tournés vers l'Orient (1), d'où leur doit venir la lumière et le juge de

(1) Voir la note KK.

l'éternelle justice. Tous mesuraient, à peu de choses près, 2 mètres de longueur sur 0 m. 80 c. de large. Ils présentaient sans exception l'aspect de grands coffres, moins larges vers les pieds que vers la tête, ou formant quatre angles droits avec leurs côtés parallèles. Le couvercle plat, et ceux-là sont évidemment les plus anciens, s'arrondit légèrement en dos d'âne sur certains sarcophages pour affecter sur le plus grand nombre la forme prismatique. Destinés à être soustraits aux regards par un enfouissement éternel, il ne faut pas chercher sur ces sarcophages des dates, des inscriptions, des dessins symboliques ou ces ornementations diverses que l'on retrouve invariablement sur tous les mausolées ou tombeaux apparents, quelle que soit l'époque à laquelle ils appartiennent (fig. V, VI, VII, VIII, IX, pl. 1). Dans le sarcophage d'un guerrier se trouvait cette belle agrafe en cuivre doré destinée à serrer un ceinturon sur lequel elle était fixée par cinq forts tenons qui se trouvent à sa partie inférieure. Ces entrelacs, dessinés en creux, se retrouvent dans l'ornementation de l'architecture romane secondaire du XIe siècle (fig. XIV, pl. 1). L'ardillon et la plaque d'une seconde agrafe, sur laquelle des dessins identiques se trouvent reproduits, ont été également retirés de ce sarcophage, où sans doute ils faisaient partie du même harnais de guerre (fig. XVI, pl. 1); nous n'en exceptons pas ce petit cerf de même métal (fig. XVII, pl. 1). Les lances (fig. XVIII, XIX, pl. 1) appartiennent, d'après nous, aux époques mérovingienne ou carlovingienne, et remontent, par conséquent, bien plus haut que les agrafes que nous avons décrites.

Certains sarcophages présentaient un diamètre différent aux deux extrémités (fig. IX, pl. 2); nous avons constaté dans trois d'entre eux seulement un dosseret ménagé dans la pierre (fig. IV, pl. 2). Quant aux coussinets ou arêtes placés de chaque côté du sarcophage pour indiquer la tête du cadavre, ou à la brisure circulaire creusée dans la pierre pour la recevoir, les sarcophages de St-Vincent ne présentaient aucun de ces caractères que l'on retrouve seulement dans ceux d'une époque moins reculée; c'est donc à Divielle qu'on les rencontrerait indubitablement. Les deux petites fioles (fig. IV, V, pl. 1) sont un spécimen de celles trouvées dans les sarcophages de St-Vincent; elles contenaient de l'eau bénite que la piété des fidèles plaçait auprès des cadavres pour éloigner d'eux les mauvais esprits.

Plus de cent sarcophages ont été extraits du cimetière de St-Vincent dans des états différents de conservation. Il n'est pas un jardin des environs, une cour, un lieu quelconque où des fouilles opérées par hasard n'aient eu pour résultat la découverte de quelques-uns de ces grands coffres de pierre que chacun avait hâte d'utiliser pour abreuver ses bestiaux, ou d'appliquer à d'autres usages domestiques. L'ancien cimetière de St-Vincent devait occuper une vaste étendue de terrain, si l'on en juge par la distance de l'église à laquelle certains sarcophages ont été trouvés avant la révolution du siècle dernier, notamment au sud de la route actuelle de Tercis, derrière l'ancien presbytère et jusqu'au milieu du jardin de Ste-Claire. Le côté nord du cimetière a été autrefois déblayé en partie pour creuser le petit chemin qui contourne l'église ; il y avait là aussi des sarcophages en grand nombre, car les inhumations ne furent pas moins fréquentes de ce côté-là que de l'autre. Les fondements sur lesquels l'église que nous voyons a été construite, et qui dans certains endroits remontent au X$^{e}$ siècle, furent eux-mêmes établis sur plusieurs sarcophages (bb, pl. 3) que leur difficulté d'extraction a fait abandonner dans ce lieu même qu'ils occupaient depuis tant de siècles. Une chose digne de remarque, c'est qu'à mesure que s'enlevaient les terres les plus voisines de l'église, les sarcophages se découvraient en rangs plus pressés, comme si ces places eussent été d'autant plus enviées qu'elles se rapprochaient davantage de l'autel ou des reliques du Saint (1). Nous en avons vu tout contre le mur de l'église qui, n'ayant pas trouvé la distance nécessaire entre deux sarcophages antérieurs pour s'y établir de plat, sont demeurés placés de champ entre leurs côtés latéraux, sans qu'aucune partie pût ainsi reposer sur la terre.

Ces auges étaient invariablement creusées dans des blocs de pierre extraits des carrières de Tartas, de Montfort ou de Nousse ; des marbres blanc et gris des Pyrénées avaient également servi à la confection de quelques-unes d'entre elles. Comme dans tous les vastes champs de sépulture, on peut raisonnablement supposer qu'un dépôt de sarcophages avait été établi près du cimetière de St-Vincent. Quant aux divers fragments d'architecture et autres débris informes qui pullulaient dans les

(1) Voir la note LL.

terres du cimetière, le plus grand nombre provenaient également des marbres blancs des Pyrénées et autres variétés connues sous la dénomination de vert-campan et bleu-turquin.

Une foule d'objets sans valeur intrinsèque, tels que croix, chapelets, médaillons en émail, médailles pieuses, etc., que la piété des vivants plaçait auprès des morts, ne nous ont pas paru, sous le rapport de l'art ni de leur antiquité, mériter une description complète. Mentionnons seulement une belle chevalière en or massif du poids de 13 grammes dont le chaton repose sur un balustre circulaire assez bien fouillé.

Plusieurs pièces de monnaie, antiques et modernes, ont été trouvées dans ce sol foulé par tant de générations et où tant de morts illustres s'étaient donné rendez-vous. Les numismates en trouveront la description plus loin (1).

Les différents auteurs qui se sont livrés à de profondes études sur l'histoire des sépultures chrétiennes ont été conduits à établir l'ordre chronologique suivant : depuis les premiers temps de la monarchie jusqu'à l'invasion des Normands, le cercueil et le tombeau ne font qu'un; au Xe siècle, où l'on constate une absence presque générale de monuments, le cercueil est universellement adopté; depuis cette époque, la distinction s'établit définitivement entre le cercueil et le mausolée (2). Au commencement de l'époque gothique, les tombeaux,

---

(1) Voir la note MM.

(2) Arthur Murcier. — De Caumont (*Cours d'antiq. mon.*, t. VI, p. 254).

même ceux destinés aux hauts personnages ecclésiastiques, aux grands et aux riches, affectaient généralement la plus grande simplicité quant à la forme et à la matière; les plus précieux sont en marbre blanc. Toutefois, nous ne pensons pas qu'on ait placé des statues sur les tombeaux avant le XII^e^ siècle ; et ce fait une fois établi, l'examen attentif de la statue de saint Vincent de Sentes nous conduira à la placer entre la fin du XII^e^ siècle et le commencement du XIII^e^. C'est réellement à cette époque qu'on remarque les premiers personnages couchés sur le couvercle des tombeaux et auxquels on a donné le nom de *gisants* pour les distinguer des *priants* que le XV^e^ siècle nous montrera plus tard agenouillés sur leurs mausolées. Les gisants portent le costume de leur état et les attributs de leur dignité. Dans le principe, ces gisants faisaient corps avec la pierre, d'où insensiblement finit par les détacher tout à fait le ciseau du sculpteur. La statue de saint Vincent tient plus de la ronde-bosse que du bas-relief, et ce caractère la rapproche davantage du XIII^e^ siècle que du XII^e^ (fig. I, pl. 1).

La tête ornée de la couronne monacale est nue, contrairement à celle des rois, des évêques et autres dignitaires ecclésiastiques. Il bénit avec l'index de la main droite, et sa main gauche tient la crosse dont la volute s'enroule en dehors en signe de son autorité épiscopale et non abbatiale. Les oreilles saillantes, le prolongement du visage, l'épaisseur du cou, rappellent un peu, il est vrai, l'iconographie de l'époque romane secondaire, mais les autres caractères généraux que nous avons décrits ne laissent aucune incertitude quant à la date que nous venons de lui assigner. Il y a plutôt absence de mouvement que raideur, si nous pouvons nous exprimer ainsi ; d'ailleurs, le prolongement du buste est encore un signe distinctif qui vient corroborer notre opinion. A l'exemple de tous les saints évangéliseurs, saint Vincent foule aux pieds l'hydre du paganisme, tandis que s'envole en sa présence un animal immonde de l'ordre saurien. Le couvercle a 1 m. 80 c. de long et la statue 1 m. 45 c. seulement. A gauche du Saint et placé au premier plan, on aperçoit confusément un objet quelconque dont il est impossible de reconnaître la signification. Comme nous l'avons déjà dit dans la partie historique de cette étude, le tombeau isolé de saint Vincent était placé au devant de l'abside, reposant non pas sur deux chantiers, comme cet usage était indistinctement employé, mais bien sur quatre colonnettes en marbre blanc. Nous en avons retrouvé une entièrement intacte (fig. III, pl. 1), et quant aux autres, nous n'avons pu que constater leurs débris.

Cette antique figure de notre saint patron gisant sur le couvercle de son sarcophage, seul objet qui puisse rappeler aujourd'hui les époques où son nom était en grande vénération, ainsi que l'état des arts dans nos contrées vers le XIIIe siècle, semblait à ces titres mériter une exception à la règle commune ; disons-le avec tristesse : nous ne savons rien qui subisse un tel abandon et qui demeure exposé à de pareils outrages (1).

---

(1) Voir note XX.

# NOTES.

# NOTES
ET
# PIÈCES JUSTIFICATIVES.

## Note A.

Soyons juste; il s'est trouvé là un homme qui s'était donné la mission de sauver du pillage et de la destruction tout ce qui paraissait avoir un caractère d'antiquité digne de conservation. Au nom de la science, nous remercions sincèrement M. Eugène Lasserre; quant à nous personnellement, qu'il nous permette de lui renouveler ici l'expression de notre reconnaissance et de notre dévouement.

## Note B.

M. Tillemont, au tome 8 des *Mémoires pour servir à l'histoire ecclésiastique*, trouve, il est vrai, un Vincent, évêque au concile de Valence en 374, et pense que ce pourrait bien être celui de Dax; mais les Bollandistes combattent cette opinion.

## Note C.

Voici en quels termes s'exprime l'auteur de l'*Idée historique de l'église cathédrale d'Acqs.*

« Je vois ce qui les a trompés touchant son origine. Nos notaires, de-
» puis très longtemps, au lieu d'écrire St-Vincent de *Sentes*, écrivaient
» St-Vincent de *Xaintes*, ce qui a pu faire croire que notre saint était
» originaire de Xaintonge. »

## Note D.

....... *Sanctus Georgius d'Auribat, sanctus Georgius de Maremne, sanctus Pantaleon.*

*Nomina ecclesiarum ejus episcopatus. (Volumen memoriale veterum chartarum ecclesiæ cathedralis aquensis tarbellicæ.)*

## Note E.

« Il a donc plu à Dieu que nous n'eussions aucune preuve authen-
» tique de l'histoire de notre saint patron. Si c'était le même St-Vincent
» qui, après avoir prêché l'évangile avec un zèle infatigable dans toute
» la Gascogne, reçut la couronne du martyre en arrivant à Agen, nous
» aurions la consolation de voir que la tradition en a conservé des actes
» assez authentiques ; mais ce n'est là qu'une conjecture de M. de Til-
» lemont qui ne laisse pourtant pas d'avoir sa vraisemblance. »

Idée historique.

## Note F.

Au commencement du XIIIe siècle, il y avait dans le diocèse de Dax dix-sept paroisses placées sous le vocable de St-Vincent. Voici leurs noms : *Sanctus Vicentius de Ax, sanctus Vicentius de Sescossâ ; sanctus Vicentius de Lierr, sanctus Vicentius de Garci, sanctus Vicentius de Marpaps, sanctus Vicentius de Bortes, sanctus Vicentius de Salinis, sanctus Vicentius de Léren, sanctus Vicentius de Larceuau, sanctus Vicentius de Maroz, sanctus Vicentius de Esquasse, sanctus Vicentius de Marzac, sanctus Vicentius de Ponzonô, sanctus Vicentius de Castet, sanctus Vicentius de Mixa, sanctus Vicentius de Maremne, sanctus Vicentius de Tarnos.*

Nous n'avons rien changé à l'orthographe de ces noms. Plusieurs paraîtront étranges à qui ignore que l'ancien diocèse de Dax s'étendait bien plus vers le Sud que le diocèse d'Aire actuel et avait une tout autre importance. D'ailleurs un grand nombre de paroisses comprises dans les nomenclatures de cette époque n'existent plus ; on retrouve bien leurs noms dans les vieux cartulaires, mais ces noms ne sont plus aujourd'hui que ceux d'un quartier de la paroisse à laquelle elles ont été annexées ; au lieu du nom d'un quartier, c'est souvent celui d'une ruine, d'une ancienne maison seigneuriale, d'un ruisseau, d'un moulin, etc. Ainsi, la paroisse actuelle de St-Paul-lès-Dax en renfermait encore trois autres dont les noms étaient : *Sanctus Laurentius de Mengar, sancta Maria de Agguade, sanctus Salvator de Kilac;* actuellement il n'y a plus debout que la paroisse de St-Paul dont trois quartiers éloignés de l'église se nomment : *Mengar, Agguade et Kilac.*

St-Vincent comptait donc dans le diocèse dix-sept églises placées sous son patronage, indépendamment de quelques autres dans l'Aquitaine, d'après la *Gallia.* Il est à peu près certain, mais nous n'osons l'affirmer, qu'il ne s'agit dans cette nomenclature que de St-Vincent de Sentes et non de St-Vincent d'Agen ou de Sarragosse. Néanmoins notre patron n'occupait dans notre diocèse que le cinquième rang par le nombre d'églises placées sous son vocable ; car St-Martin en comptait 49, St-Pierre 48, Ste-Marie 46, St-Jean 36.

Quant au St-Vincent de Sarragosse, il n'est pas permis de le confondre avec le nôtre ; ce premier n'était que diacre de l'évêque Valère ; il confessa Jésus Christ avec 18 autres martyrs, vers 304, sous Maximien et Dèce. Le martyrologe romain les a marqués au 16 avril ; son nom a été immortalisé par le poète Prudence. (*Peristephanum,* hymne IV).

## Note G.

Le culte de St-Vincent d'Agen se répandit dans l'univers entier ; en Pologne, en Westphalie, Cracovie et Utrech lui dressèrent des autels ; la cathédrale de Châlons fut placée sous son patronage. Les pères du concile (650) firent un vœu à St-Vincent d'Agen pour la guérison de Chloris, malade.

Baronius, Fortunat, etc.,

## Note H

Le St-Vincent d'Agen avait nom *lévite*, c'est-à-dire que St-Vincent était diacre, attendu que dans les premiers siècles de l'Eglise le nom de lévite était donné à tous les diacres. (mêmes auteurs).

Voici comment s'exprime Baïole, de la compagnie de Jésus, dans son *Histoire sacrée d'Aquitaine,* 1644.

« Quelques temps après le martyre de St-Caprais, Vincent, ou évê-
» que successeur de Caprais, comme *quelques-uns le qualifient*, ou
» diacre, comme le martyrologe romain signifie, l'appelant lévite, et
» il pourrait bien avoir été l'un et l'autre..... »

Les Bollandistes, dont l'autorité en hagiographie est assez connue, après avoir examiné la question et commenté la légende de St-Vincent trouvée dans l'ancienne lithurgie d'Utrech et d'une autre ville de la Westphalie, ont déterminé la position du lieu où le disciple de St-Caprais souffrit le martyre ; ils indiquent Mezin à sept lieues d'Agen vers l'Occident.

Cette opinion des Bollandistes est corroborée par l'abbé Barrère, auteur de l'*Histoire monumentale et religieuse* du diocèse d'Agen.

## Note I.

Nous avons dit dans la note H que le père Baïole doutait si St-Vincent d'Agen avait été évêque ou simplement diacre. M. du Saussay se prononce sans réserve en faveur de son épiscopat ; mais ces auteurs sont loin d'avoir l'autorité des Bollandistes. Il est certain aujourd'hui que St-Vincent ne fut que diacre. Les plus anciens bréviaires manuscrits du diocèse d'Agen portent :

*Vicentium pretiosus martyr Caprasius levitico ordine consecravit.*
*(Lect. 11. Off. S. Vin.)*

Grégoire de Tours nous apprend égalcment que St-Vincent était Agenais, mais il ne parle de lui que comme d'un simple lévite.

## Note J.

Voici le dénombrement que nous en a laissé le cartulaire :

« Le corps de St-Vincent et de son compagnon Lœtus; celui de » St-Macaire, excepté le bras qui est à Langon ; une partie du four où » furent cuits les cinq pains ; de la pierre du St-Sépulcre ; du Mont » Calvaire; de la colonne à laquelle J.-C. fut lié ; de la vraie croix ; » des reliques de Ste-Marie-Magdelaine ; du lait de Notre-Dame ; de » la vraie chair du bienheureux Ratelin, évêque ; de la pierre du mo- » nument de Ste-Catine ; des reliques de St-Saturnin, évêque et martyr ; » des saints Lœtus et Revellat ; du fil de Ste-Claire ; du cilice et tu- » nique de St-Christophe ; des reliques de St-Bellapodius ; la mitre et » gants de St-Vincent. »

Ainsi conclut le cartulaire : l'église est appelée St-Vincent de *Sainctes,* c'est-à-dire des saincts. *Sunt ipsa verba.* Compaigne.

D'abord nous n'avons lu nulle part et nous doutons qu'on ait jamais écrit St-Vincent des Saincts ; il y a eu certainement d'autres églises qui possédaient des reliques tout aussi précieuses que celles dont St-Vincent pouvait se glorifier, sans que pour cela elles aient cru indispensable d'ajouter à leur vocable ces mots : *des saincts*.

Chacun est libre d'adopter l'opinion qui lui conviendra le mieux ; pour nous, nous pensons avec la saine tradition que ce faubourg s'appelait *Sentis* comme celui qui lui est opposé à l'Orient de la ville s'appelait *Vicus;* de là plus tard l'église de St-Vincent de Sentes, l'église de St-Pierre de Vic, deux étymologies latines.

## Note K.

*Primò quc illic ecclesiam quam in crypta initiavit in honorem sanctœ deiparœ consecravit.*
Marty. gall. Suppl. 1108.

## Note L.

*In monasterio ejus postea appelato Sancti Vicentii de aquis sepultus est.*
*Gall. Chris., tome* 1. *Col* 1037. *A*.

## Note M.

*Vasculum in qua pars cinerum sancti Vicentii servabatur, in fluvium atyrius projectum.*
*Idem.*

## Note N.

Ces *fables* espagnoles, rapportées par Tamayo Salazar dans son martyrologe espagnol, sont rejetées et combattues, surtout par Nicolas Antoine. Tamayo a su la légende de Dax, c'est incontestable, mais il a appliqué tous les faits qu'elle rapporte à l'Espagne, remplaçant *Aquæ Tarbellicæ* par *Aquæ Eboròccnses* près de Tolède ; parlant même de la révélation de Maxima et de Gratian dont il fait un évêque de Carthage.
Bolland. p. 203.

## Note O.

Voici ce passage :

*Post ipsum verò desiderantur plurimi episcopi cujus rei incusant temporum injuriam, bellorum his in locis frequentium casus, persecutiones sub imperatoribus; postissimum verò in ecclesiasticas res paganorum et barbarorum sævitiam, à quibus basilica S. Vicentii devastata, res sacræ direptæ.*

Après lui manquent plusieurs évêques; il faut accuser de cette lacune l'injure des temps, les péripéties des guerres fréquentes dans ce pays, les persécutions des Empereurs, mais surtout la fureur des païens et des barbares contre l'Eglise ; ils dévastèrent la basilique de St-Vincent et pillèrent les objets sacrés. . . . .

. . . . . *Gall. Chris.*, tome 1. Col. 1037. A.

## Note P.

Bollandus croit qu'on peut placer St-Vincent immédiatement avant Gratian et qu'alors il n'est pas nécessaire de supposer avec la *Gallia* qu'il y a eu dans l'intervalle des Evêques dont les noms sont perdus.

Bolland. *Acta Sancta.* sept., tome 1., p. 200.

## Note Q.

. . . . *Totum se convertisse ad restaurandam beati Vicentii ædem superstitionibus paganorum fodatam.*

*Gall. Chris.*

## Note R.

Nous ne voulons pas cependant trancher cette question de la révélation faite à la vierge Maxima d'une manière absolue. Le bréviaire de Dax, manuscrit gothique déjà cité, contient un office de St-Vincent qui porte des caractères de haute antiquité. Or il est dit dans cet office que la fête du saint a été fixée au Ier septembre par l'Evêque Illidius, précisément à raison de cette révélation.

*Hujus prece Illidius,*
*Efflatu sancti* neupmatis,
*Tempu accepti bravii*
*Miré suggessit omnibus*
*Hymn. ad. mat.*

## Note S.

Cette maison appartient aujourd'hui à M. Doro, et une fabrique de poterie s'y trouve établie. Nous avons minutieusement parcouru cet établissement sans rencontrer le moindre indice de son ancienne destination ; cela d'ailleurs n'infirme en rien la tradition que nous avons rapportée. Qu'on songe donc que l'évêché a été déplacé vers le milieu du XIme siècle, et l'on ne sera pas surpris qu'il n'en subsiste aujourd'hui aucun vestige apparent.

## Note T.

Les auteurs ne sont pas d'accord sur l'époque de cette translation ; Oïhenard et Compaigne veulent qu'elle se soit opérée en 1102 par Raymond de Sans, évêque de Dax ; tandis que d'autres, suivant l'opinion de l'ancien cartulaire de notre chapitre, écrit à cette même époque de 1102, que Compaigne et son devancier ont sans doute pris pour celle de la translation, la placent sous Raymond de Bazas, dit *le Vieux*, c'est-à-dire cinquante-deux ans plus haut. Après avoir étudié ces diverses opinions, on demeure convaincu que ce fait mémorable s'est accompli en 1052. Si nous eussions conservé le moindre doute à cet égard, il eut été complètement dissipé par la découverte du document suivant, assez précieux pour mériter d'être ici transcrit en entier:

### DE TRANSMUTATIONE SEDIS AQUENSIS.

*Manifestum præsentibus et posteris omnibus habeatur quod Raimundus Vasatensis, cui feré omnis Guasconiæ matres ecclesiæ per potestatem episcopatûs obediebant, et Guido Dux Aquitanorum, et alii Guasconici Seniores, Scilicet Raimundus-Arnaldi, et frater ejus Garsias-Arnaldus, et Dodo Uriensis prudenti quidem et divino incitati et incensi consilio, sedem sanctæ matris ecclesiæ Aquensis, convocatis et consultîs omnibûs ejusdem terræ principibus mutare volentes; securitatem et libertatem perpetuam eidem suâ jurejurando et sacramento promittentes et confirmantes; de loco ubi longo tempore fuerat, Scilicet de Sanctô Vicentiô transmutaverunt, et intra muros Aquensis civitatis statuerunt et collocaverunt, et ibi habendam esse et celebrandam in perpetuum sanctâ devotione ordinaverunt, et ordinando præceperunt. Ipsi etiam in eâdam sede sanctam congregationem Clericorum constituerunt. In qua præpositum atqué Decanum Arnaldum videlicet de Bolin statuerunt et ordinaverunt. Isti autem congregationi et sanctæ matris ecclesiæ sedi prædicti seniores de hæreditatibus et possessionnibûs suîs in perpetuam potestatem dederunt. Translatio Ecclesiæ cathedralis ex S. Vicentio in Aquens. Civ.*

(Extrait du livre rouge du chapitre de notre Cathédrale.)

### Note U.

L'enlèvement des terres qui vient d'avoir lieu derrière la maison Froment, à la descente nord du rempart de la Cathédrale, a dégagé une petite construction en pierre dont la démolition remonte à cette époque. Il suffit de jeter un regard sur ce qu'il en reste pour demeurer convaincu qu'ici ce n'est pas le temps qui a fait des ruines, mais la main des hommes qui a détruit. Dans cette situation elle devait gêner l'abord du terre-plein du rempart, aussi fut-elle démolie dans sa partie supérieure et cet emplacement couvert de terres rapportées.

Il est certain que depuis le traité de Taillebourg qui rendit définitive l'évacuation de la Guyenne par les Anglais, les remparts et le château de la ville étaient demeurés dans l'état où les avaient réduits le choc alternatif des Français et des Anglais. Les cloîtres des chanoines, la chapelle Notre-Dame *intrà muros*, le couvent des Carmes attenant alors à la porte Notre-Dame, ou du pont, avaient été construits le long des murs du rempart. Ces différents édifices dûrent également disparaître pour faire place à des terrasses et à des chemins de ronde. A cette même époque, quelques parties du château furent restaurées ; elles sont en effet trop modernes, comme le fait judicieusement remarquer l'auteur de l'Idée historique, pour qu'on fasse remonter leurs constructions au temps où Dax était gouverné par des vicomtes.

Nous ne trouvons pas que les ordres religieux dont les établissements furent complètement ruinés aient obtenu pour leur part un dédommagement quelconque. Seulement l'évêque Gaston de Lamarthonie et le chapitre demandèrent une indemnité à la cour. On dressa par ordre du roi un procès-verbal d'estimation, et il leur fut assigné 12,000 livres sur la connétablerie de Bordeaux. L'évêque eut assez de crédit pour toucher à l'insu des chanoines 4,000 livres qu'il employa à l'achat de la place et à la reconstruction de son évêché, sur la porte duquel il fit sculpter ses armes. Quelque diligence que fît le chapitre, il ne toucha jamais les 8,000 livres restantes.

## Note V.

Ce comte de Candale, gouverneur d'Aquitaine, était Gaston II de Candale, fils de Jean de Foix Candale et de Catherine de Foix, marié à Marthe d'Astarrac.

Dictionnaire de Momery.

## Note X.

.................................................................

.... « Sachez que ce temple n'est qu'un symbole du temple spiri-
» tuel, que vous êtes vous-mêmes ; que ce n'est qu'un moyen que

» Dieu nous a accordé pour nous exercer ici-bas à le bénir et à l'adorer » éternellement dans le ciel. *Les reliques des saints martyrs, de ces » illustres témoins de la foy seront déposées sous l'autel consacré :* » c'est pour nous rappeler que sans la foy et le témoignage fidèle » que nous lui devons, nous ne pouvons plaire à Dieu, ni partici- » per à son autel, ni être enseveli avec Jésus-Christ..... etc., etc. »

Lettre pastorale de Monseigneur Louis-Marie-Suarès d'Aulan, évêque de Dax, sur la solennité de la dédicace et de la consécration de son église cathédrale.

18 décembre 1754.

## Note Y.

Nous nous abstenons de citer, les faits sont accomplis, et toute récrimination à ce sujet ne saurait remédier à ce triste état de choses. D'ailleurs il y a ruines et ruines ; il ne faut rien exagérer ; on les aime, mais on n'en vit pas exclusivement. Qu'on devienne vandale, pire que cela, par indifférence ou cupidité, on nous trouvera toujours disposé à plaindre ou à blâmer ; mais qu'on abatte les remparts d'une ville menacée de mourir de pléthore pour lui ouvrir de plus larges horizons ; pour qu'un air plus vivifiant circule dans ses rues et assainisse ses édifices ; pour que la vue soit récréée par un peu plus de verdure et que la senteur des arbres corrige l'air vicié qui s'exhale de ces agglomérations d'hommes ; qu'à la place d'une haute ceinture de pierres dont le crépis réfléchit parfois d'une manière intolérable les rayons ardents d'un soleil d'été, et de fossés bourbeux aux miasmes délétères, on plante de joyeux quinconces, on trace des squares où l'ouvrier puisse jouir d'un peu de fraîcheur dans ses moments de loisirs, rien de mieux sans contredit. Faites donc un tableau qui soit la représentation fidèle de ces monuments d'un autre âge et d'un autre peuple, afin que nos descendants ne soient pas un jour condamnés à fouiller le sol pour en retrouver les traces disparues, et abattez.

## Note Z.

Ces détails et ceux qui suivent sont puisés dans l'enquête du 12 février 1846, ouverte à St-Vincent en conformité de l'ordonnance de Mgr Lanéluc, évêque d'Aire, en date du 25 janvier de la même année. M. B. Henri Dussault, vicaire général honoraire et supérieur du grand séminaire, délégué par l'autorité épiscopale, et en présence de M. Sarramagna, curé de St-Vincent-de-Sentes ; déposèrent sous la foi du serment les témoins suivants : Jean Dussartou, forgeron, âgé de 80 ans ; Salvate-Marie Dussault, âgée de 80 ans ; Jeanne Dussault, âgée de 74 ans ; Mlle Délisse, âgée de 74 ans, et puis enfin Marie Dumartin, résidant alors à Peyrehorade, âgée de 69 ans.

Les témoignages de ces personnes furent à peu de chose près identiques sur tous les points. Cependant, d'après certaines, le tombeau de saint Vincent n'occupait pas le milieu de l'abside, mais était placé vis-à-vis l'autel latéral ; le maître-autel étant d'ailleurs à cette époque plus avancé vers le transepts qu'aujourd'hui, le tombeau pouvait ainsi se trouver à égale distance des deux. D'autres ont dit qu'après l'invitation faite par l'autorité d'avoir à rapporter les os dans la tombe demeurée ouverte au milieu du cimetière, plusieurs personnes en renvoyèrent une certaine quantité, sans doute avant la venue du fils de Mme Darjou qui dut reprendre toutes ces reliques. Le procès-verbal contient les noms des principaux instigateurs de cette profanation qui furent également ses acteurs les plus ardents ; mais le remords ne se fit pas attendre à ce qu'il paraît, et ils eurent de leur vivant, l'enquête confirme le fait, trop de repentir de cette violation de sépulture pour qu'il soit aujourd'hui nécessaire d'infliger à leur mémoire le châtiment de la publicité.

Le motif contraire nous a fait divulguer le nom de Mme Darjou dont la conduite digne d'éloges contribua à la conservation de ces reliques.

## Note AA.

L'évêché a disparu vers le milieu du XI^e^ siècle ; 93 a chassé les nonnes du couvent de Sainte-Claire ; notre génération assistera avec tristesse à la fermeture du grand séminaire, à ce lieu d'études et de retraite racheté d'hier et aujourd'hui sans destination connue. Il a fallu sans doute de puissants motifs pour préférer à un établissement debout, complet, merveilleusement disposé, n'ayant rien à envier sous le rapport du site et de l'hygiène, un établissement que des montagnes d'or allaient péniblement faire éclore dans les prairies basses du haut Adour. Posée en ces termes : Vaut-il mieux tranférer à Dax l'évêché d'Aire, ou à Aire, limite extrême du département, le grand séminaire de Dax? la question eût dû, à notre avis, être résolue dans un sens tout opposé aux décisions épiscopales.

## Note BB.

Gombaut, duc de Gascogne, fonda le prieuré de Pontonx et fit sculpter les armes des ducs de Gascogne au-dessus de la porte de l'église.

Gaston de Lamarthonie, qui reconstruisit en entier le corps principal de l'hôtel épiscopal, fit également sculpter ses armes sur la porte d'entrée.

## Note CC.

« Les chrétiens eurent à choisir entre deux principaux systèmes de » sépulture : le premier qui consistait à brûler les corps, était généralement répandu ; mais cette opération destructive ne se conciliait pas » avec la vénération pour les restes sacrés des fidèles, qui étaient le *temple de l'Esprit-Saint* et les matériaux de la résurrection glorieuse. » L'autre usage, qui donnait aux morts une demeure souterraine, avait » eu cours chez l'ancien peuple de Dieu. Le christianisme recueillit la » tradition de sépulture qui remontait aux patriarches. »

(GERBERT. *Esquisse de Rome chrétienne*, *t. II*, *page* 504.)

## Note DD.

Voici le passage de M. de Compaigne auquel nous joignons l'extrait du

*Cartulaire de la Ville-Dieu*, ainsi que les observations de M. l'abbé Pédegert :

« Maximus, après que le grand Clovis eust déffait les Goths, tué de sa » main leur roy Alarix, il convoqua, en 511, le premier concile d'Orléans, » à la prière de saint Rhemy, archevesque de Rhains, qui lui représenta » l'estat déplorable des églises de son royaume. Maximus y assista en » qualité d'Evesque de Dacqz, consacra en nostre ville une chapelle dé- » diée à la Vierge, et bénit le cemetière. »

(*Dyptiche.* Compaigne).

« *Episcopus noster Maximus cum multis Aquitanniæ Episcopis inter- » fuit consilio primo Aurelianensi post reditum præcibus populi Ca- » pellam in civitate aquarum consecravit, et benedixit cemiterium...* »

(*Ex. Cart. vil. Dei.*)

« On serait heureux de pouvoir adopter ce fait et cette date ; mais les auteurs de la *Gallia Christiana*, qui devaient avoir entre les mains le fameux *Cartulaire*, n'ont pas jugé à propos d'en user pour grossir leur liste des évêques d'un nom de plus. Il paraît que Dax n'eut point de prélat du nom de Maxime ; cet évêque appartient au diocèse d'Aix, et comme ce diocèse s'appelle très-souvent *Aquensis*, sans addition, ainsi que le nôtre, l'auteur du *Cartulaire* et ses lecteurs trop confiants auront pu s'y tromper. »

(*Notice hist. et arch. sur Notre-Dame de Dax.* J.-F. Pédegert.)

## Note EE.

*De Sancto Petrò deü Vic.*

*Notum sit omnibus Guilelmun Episcopum Aquensem suæ dedit Ecclesiam Beati Petri in sub urbiô Aquensî sitam, cum* Cœmeterio *ejusdem omninò dedisse, et ut Conventus sedis ejusdem, videlicet Beatæ Mariæ hoc donum perpetuo possideret, et chartam illis indè tradidit, et proprio sigillò cam munivit......*

*Volumen memoriale.*

## Note FF.

L'ordre du Temple fut établi à le Torte (aujourd'hui la Torte), paroisse de St-Vincent, au lieu dit du *Broy*, vers le milieu du XIIe siècle. Voici par quelle suite de circonstances les frères du Temple de Jérusalem devinrent possesseurs de la moitié du domaine de la Torte qui faisait partie des terres appartenant à la maison vicomtale d'Ax. Le vicomte Pierre d'Ax, homme illustre par l'excellence de son caractère, son amour de la paix, son orthodoxie, sa valeur et ses vertus chrétiennes, avait souvent donné, dans la prévision de sa mort, mais jouissant encore de la plénitude de ses facultés, par droit testamentaire et perpétuel, sa villa de la Torte avec les droits qu'elle comportait au siége de l'Eglise de Dax. Par une sorte de contradiction qui demeure inexpliquée, les mémoires de la cathédrale ajoutent que le vicomte d'Ax, percé d'un coup d'épée, mourut ensuite intestat. Toujours est-il que l'Eglise prit possession de ce bien et que pendant longtemps personne ne vint lui en contester la jouissance. Guiralda, sœur et unique héritière du vicomte Pierre, n'avait sans doute pas vu sans regret la villa de la Torte devenir propriété de l'Eglise par un droit qui lui paraissait peut-être très contestable. Il est permis de le supposer, car nous voyons qu'elle obtînt plus tard de faire annuler le testament de son frère, soit que cette décision fût basée sur la justice, soit qu'elle fût le résultat de sa volonté tyrannique comme le prétendent les chroniques de l'Eglise, suspectes sur ce point. Il s'ensuivit deux choses : que la villa de la Torte rentra dans les domaines de la maison vicomtale d'Ax, et que Guiralda, auteur de cette restitution ou de cette usurpation, fut excommuniée par l'Eglise.

Le vicomte Raymond-Arnault, son fils, maintint cet état de choses sans y apporter aucun changement. Une circonstance imprévue dont les légataires dépouillés surent tirer bon parti, devait tout remettre en question. Raymond-Arnault avait un oncle du nom de Grisetus qui, revenu de Jérusalem chevalier du Temple, désirait ardemment fonder un couvent de cet ordre sur une des terres domaniales du vicomte qui, du reste, lui avait d'avance abandonné gratuitement celle qui lui paraîtrait convenir le mieux à ce genre de communauté. Après avoir exploré plusieurs lieux, Grisetus arrêta son choix sur la villa de la Torte.

Au moment où cette donation allait s'effectuer en faveur des chevaliers du Temple, on vit Guillaume, évêque d'Ax, intervenir pour s'y opposer en vertu du droit ancien auquel il n'avait nullement renoncé ; sur quoi le seigneur Grisetus, qui recherchait la paix par dessus tout, refusa l'offrande de son neveu à raison du vice dont elle était entachée aux yeux de l'autorité épiscopale. Il s'ensuivit une transaction. Le vicomte désirait satisfaire les deux parties ; aussi prit-il la résolution de partager en deux portions égales la terre de la Torte, d'en attribuer une moitié à l'Eglise qui la réclamait en entier, et d'offrir la seconde aux frères du Temple qui purent dès lors l'accepter sans craindre à l'avenir les réclamations de l'évêque. Il fut également convenu, entre les co-partageants, que dans le cas où quelques difficultés viendraient plus tard à surgir entre eux, la justice vicomtale ni aucune autre ne pourrait s'immiscer dans leurs différends, mais qu'ils seraient réglés à l'amiable par des arbitres de leurs choix. Quant à la terre voisine de Banioles (aujourd'hui Bagnoles) primitivement donnée à l'Eglise par le vicomte Navarre, on ne la comprit pas dans ce partage, mais elle continua à demeurer la propriété exclusive de l'Eglise.

A quelques temps de là, Arnault-Guillaume Falquarier, évêque d'Ax, ayant cédé aux nombreuses et incessantes sollicitations des chevaliers du Temple établis à la Torte, pour obtenir l'autorisation de construire une chapelle dans leur couvent, consentit avec le chapitre à traiter des conditions auxquelles ce droit pourrait leur être donné, tout en sauvegardant ceux de la paroisse de St-Vincent. Nous extrayons de cet acte le passage suivant qui traite des sépultures à accorder dans la future chapelle du couvent :

..... *Sepultura que ibi solis fratribus concessa est, suis que donatis, qui se sani et incolumes donaverum, servientibus etiam, qui de alio fuerint Episcopatû, illis que, servientibus, qui de aliis erunt Parrochiis et si de Episcopatû ipsô, si se ibi spelire maluerint, salvô tamen jure Ecclesiarum suarum; aliorum autem nemini, et penitus de villâ ipsâ, vel Parrochiâ sancti Vicentii.* ....

*Anno millesimô centesimô quinquagesimô sextô, Episcopatûs ipsius Arnaldi Willelmi decimô tertiô, in presentiâ Raimundi-Arnaldi Vicecomitis Aquensis* ....

*Pactum Templi et santæ Mariæ.*

Au commencement du siècle dernier, l'on voyait encore, au lieu du *Broy*, quelques fondements et de grandes briques d'une époque reculée. Nous avons visité les deux métairies du *Broy d'ou Haout* et du *Broy d'ou Bas* qui appartiennent aujourd'hui à M. de Laluque, sans découvrir autre chose au *Broy d'ou Haout* que de vieux fondements sur lesquels on a assis une maison rustique à laquelle ses croisées en guillotine assignent la date du commencement du XVII^e siècle. On a conservé le souvenir de la chapelle, aujourd'hui convertie en étable ; une ouverture arquée située à l'ouest est le seul indice apparent qui vienne confirmer l'exactitude de cette tradition. Il ne faut pas croire que cette croisée arquée soit contemporaine de l'ancienne chapelle des Templiers. Elle appartient évidemment à la même époque que celles que l'on voit aux autres parties de l'édifice. Il est probable qu'après la dissolution de l'ordre du Temple survenue en 1311, l'Eglise de Dax hérita de la seconde moitié de la villa de la Torte autrefois attribuée aux Templiers, et qu'elle y entretint l'ancienne chapelle du couvent dont la reconstruction devint nécessaire au XVII^e siècle. Le jardin est vaste ; au lieu d'un baradeau, comme cela se pratique journellement, c'est une large terrasse qui le ferme du côté du Sud. En somme *le Broy d'ou Haout* forme une suite de constructions avec trois caractères bien distincts : les fondements dont nous connaissons la haute antiquité, des ouvertures du XVII^e siècle et des parties tout à fait modernes. C'est bien là que Grisetus établit sa commanderie religieuse et militaire ; mais nous sommes autorisé à croire que cette villa devait renfermer dans son périmètre les terres du Gon, car sur le versant occidental de la lande de la Tourbière on a découvert plusieurs sarcophages qui indiquent l'emplacement occupé par le cimetière du couvent ; or le Gon ne pouvait se trouver enclavé entre l'abbaye et son cimetière. Ces sarcophages du XII^e siècle étaient en tout semblables à ceux de la même époque du cimetière de St-Vincent ; même qualité de marbre ou de pierres, mêmes formes. On nous a assuré que des objets symboliques précieux en avaient été extraits ; nul ne sait ce qu'ils sont devenus. De nouvelles fouilles, sur ce point, amèneraient, sans contredit, des découvertes intéressantes ; mais le nombre de sarcophages appartenant à des chevaliers du Temple ne saurait jamais être bien considérable, car si l'ouverture du cimetière remonte à l'année 1153, il ne faut pas perdre de vue que l'ordre du Temple fut aboli au concile de Vienne en 1311, c'est-à-dire 158 ans après.

Banioles (aujourd'hui BAGNOLES) appartient à M. Laguens.

## Note GG.

Dax, 2 février 1701.

..... J'allai hier aux Capucins. Autant la maison des Cordeliers est pauvre et en mauvais état, autant celle des Capucins est propre et agréable. Il y a un jardin fort joli. Le cloître, les dortoirs, la bibliothèque, tout, malgré sa simplicité, fait plaisir à voir. Les princes tirèrent des oiseaux dans le jardin, et ensuite ils entendirent le salut.

(Lettres inédites contenant la relation historique du voyage de Philippe d'Anjou, appelé au trône d'Espagne, ainsi que des ducs de Bourgogne et de Berry, *Lettre* 27, *page* 146).

## Note HH.

Après la démolition de leur couvent situé près la porte Notre-Dame (1523), les Carmes établirent une nouvelle communauté dans la rue qui porte aujourd'hui leur nom.

## Note II.

*Petrus de Ax. frater Archidiaconi dedit nobis* PRO SEPULTURA SUA IN CLAUSTRO, *favente Amamevô fratre suô, terram quæ est contigua terræ nostræ de forô veteri. . . . . . . .*

*Raimundus-Arnaldi de Feugars* CONCESSA ET DATA SIBI SEPULTURA IN CLAUSTRO *dedit sanctæ Mariæ prò animâ suâ. . . . . .*

*Giraldus de Podio dedit sanctæ Mariæ duos homines* DATA SIBI SEPULTURA IN CLAUSTRO. . . . . .

*Fortivus de Favars, in remissionem peccatorum suorum, et parentum suorum, et pro* SEPULTURA *Fortivi patris sui : et Garciæ Arnaldi fratris sui* FACTA IN CLAUSTRO, *dedit sanctæ Mariæ Aquensis. . . . . .*

*Volumen memoriale.*

Nous n'en finirions pas si nous voulions tout citer.

## Note JJ.

La fondation de l'Abbaye de Divielle remonte au commencement du

XIIIe siècle. Elle est due à Navarre d'Acqs, religieux prémontré, fils de Raymond Arnault, vicomte d'Acqs et de Stéphanie de Bigorre, fille de Centule. Ce Navarre fut abbé de Combelongue ; il donna Divielle aux religieux de St-Norbert et mourut évêque de Couserans, suffragant d'Auch, de 1208 à 1215.

C'est donc à tort que M. de Compaigne attribue pour père au fondateur de Divielle le vicomte Pierre, frère de sa grand-mère Guiralda, et par conséquent son grand oncle paternel. S'il entend parler d'un second Pierre qui succéda à Raymond Arnault, nous sommes fondé à croire que celui-ci n'était que le frère consanguin de Navarre, fondateur de Divielle et nullement son père. Les documents que nous possédons, d'accord sur ce point avec Oïhenard et la *Gallia Christiana*, ne laissent aucun doute à cet égard.

Des côteaux de Goos qui regardent Préchacq on aperçoit à ses pieds le couvent de Divielle qui se détache tristement sur les grands arbres de la forêt du Bedat, où le Louts court former ses gracieux méandres. C'est une vaste construction qui, à cette distance, ne rappelle en rien son ancienne destination dont le signe le plus carastéristique, le clocher, a disparu. Les Huguenots, ces grands niveleurs d'édifices catholiques, ont passé par là comme à Sordes, à Cagnotte, à Arthous, cette autre abbaye des Prémontrés, et les restaurations postérieures ont dû modifier l'aspect du monument ogival. Quand on entre dans la cour intérieure pleine de ce bruit et de ce mouvement qui se font autour de toute exploitation agricole, on a le cœur serré. Les cloîtres sont tombés, sauf la partie sud qui, demeurée debout, indique clairement le mode de construction de cette partie de l'édifice aujourd'hui disparue. Il ne paraît pas qu'ils aient jamais été voûtés ; une simple charpente reposant sur des colonnettes en pierre tendre, sans caractère, recouvrait simplement cet abri, promenade indispensable à la communauté. Les cloîtres s'étendaient sur les quatre côtés de l'édifice, car les pierres d'attente incrustées dans la brique se montrent encore de distance en distance. Ces briques épaisses, dont le secret de la manipulation semble s'être perdu dans nos contrées, forment, pour ainsi dire, les seuls matériaux à l'aide desquels s'est élevée cette vaste abbaye. Le temps, il est vrai, n'a pas eu de prise sur eux, mais nous devons malheureusement à leur nature cette absence d'ornementation et de sculpture qu'on regrette vivement en face d'un monument six fois séculaire. Trois greniers ont été étagés dans la nef de l'église qu'un mur coupe transversalement à la naissance de l'abside dont l'emplacement se trouve aujourd'hui faire partie du jardin. Le clocher, dit-on, n'était pas attenant à l'église ; cependant on découvre à l'extrémité du corridor supérieur un escalier pratiqué dans l'épaisseur du mur sud du transepts, lequel escalier, malgré tout, ne pouvait aboutir qu'à un clocher quelconque. L'église a dû, sinon être refaite en entier à la fin du XVIe siècle, du moins restaurée sur le modèle de l'époque ; car les arceaux et croisées en plein-cintre qu'on y voit diffèrent essentiellement du style de la sacristie dont la voûte en brique offre un type de l'arc en tiers point avec la retombée de ses arceaux sur un pilier massif placé au centre.

Sous un crépis moderne on découvre encore çà et là quelques portes ogivales entièrement masquées ou livrant un passage réduit aux animaux de labour dont la litière jonche les dalles des anciens corridors. Les chambres d'en haut n'offrent rien de remarquable ; les croisées et cheminées sont à peu d'exception près toutes du XVIIe siècle. On chercherait en vain une inscription, un reste de sépulture, un débris de mausolée ou de sarcophage ; tout a disparu. Sous le cloître, à côté de la principale entrée, une pierre tombale dénuée d'inscription a attiré nos regards. Elle passe, nous a-t-on dit, pour recouvrir la sépulture d'un évêque.

Malgré tout, nous demeurons convaincu que l'église du couvent, aujourd'hui métamorphosée en cellier, abrite des quantités de sarcophages où des morts illustres dorment en paix leur sommeil éternel. Un jour ou l'autre la science dévoilera sans doute le mystère de ces tombes.

Plusieurs abbés de ce monastère ont appartenu aux premières maisons de la contrée, telles que celles d'Albret, de Foix-Candale, de oyanne, d'Apremont, etc.

L'abbaye de Divielle mérite la visite des touristes et des savants qui retrouveront dans l'accueil qui leur sera fait la bienveillante hospitalité du maître. Un examen plus attentif de ces diverses constructions suggèrera à l'esprit de l'archéologue des observations qui n'ont pu se produire chez nous, car nous ne les avons étudiées que d'une manière superficielle et comme en courant. Le touriste aimera cette vieille abbaye autrefois peuplée de moines défricheurs, aujourd'hui silencieuse au milieu des grands bois où l'on n'entend que le cri rauque du paon et le bourdonnement du Louts sur son lit caillouteux.

Cette belle propriété appartient à M. Domenger, de Mugron.

## Note KK.

*Ponantur mortui capite versùs occidentem et pedibus versùs orientem.*

De sepult. Christ. C. 159.
BELETH.

*Debet autem quis sic speliri ut capite ad occidentem posito, pedes dirigat ad orientem, in quo quasi ipsâ positione orat, et innuit quòd promptus est ut de occasu festinet ad ortum.*

Guillaume DURAND.

## Note LL.

« L'opposition de l'évêque Théodulse et le décret des capitulaires n'ont arrêté que pour un temps l'ardeur que les chrétiens mettaient à rechercher la sépulture dans le lieu saint. Au XI^e siècle, ils se contentent du parvis, puis ils avancent dans les nefs, dans les chapelles, gagnent insensiblement le chœur et s'arrêtent à peine au sanctuaire..... »

A. MURCIER. *(La sépulture chrétienne en France).*

## Note MM.

Voici la description des monnaies trouvées dans le cimetière Saint-Vincent-de-Sentes :

**Antiques :**

1. MARC-AURÈLE. — *Marcus AVRelius ANTONIVS AVGustus ARMENIACVS Pontifex Maximus.* — (R) *TRibunitia Potestate (functus) XVIII, IMPerator II, COS. III.* — *Senatus Consulto* (165 après J.-C.)

1. TÉTRICUS I^er. — *IMPerator Caïus TETRICVS Pius Felix AVGustus.* — (R) *PAX AVGusti.* — (vers 272 après J.-C).

1. MAXIMIEN-HERCULE. — *IMPerator Marcus Aurelius MAXIMIANVS AVGustus.* — (R) *GENIO POPVLI ROMANI.* — (vers 300 après J.-C).

3. CONSTANTIN Ier — *CONSTANTINVS AVGustus.* — (R) *SOLI INVICTO COMITI.* — (vers 330 après J.-C).

1. DELMACE. — *FLavius Julius DELMATIVS, NOBilissimus CAESar.* (R) *GLORIÆ EXERCITVS* (vers 346 après J.-C).

1. CONSTANT. — *Dominus Noster FLavius CONSTANS AVGustus.* — (R) *SECVRITAS REIPublicæ.* (vers 349 après J.-C).

1. CONSTANCE. — *Dominus Noster FLavius Julius CONSTANTIVS AVGustus.* — (R) *GLORIÆ EXERCITVS* (vers 341 apr. J.-C).

1. MAGNENCE. — *Dominus Noster MAGNENTIVS Pius Félix AVGustus* — (R) *VICTORIÆ DDominorum NNostrorum AVGusti ET CAESaris.* — VOTIS V MVLTIS X. — I. — (vers 350 apr. J.-C).

**Modernes.**

1 Gros de PHILIPPE le Hardi, roi de France. *PHILIPPVS REX.* — (vers 1280).

1 EDOVARD, roi de Portugal. — (vers 1420).

2 pièces de Jeanne d'Albret et Antoine de Bourbon, rois de Navarre (vers 1556). — Plusieurs pièces de Béarn et de Portugal, frustes, mais paraissant remonter au XVe siècle.

1 double tournois du duc de Bouillon. — 1642. — Godefroy Maurice De La TOUR DVC De BOuillon.

1 double tournois de Maximilien III, duc de Sully. — 1646. — MAXimilien François De BETHVNE, Prince, Seigneur de HENrichemont.

2 doubles tournois de Gaston d'Orléans. — 1641. — *GASTONVS* Vsufruitier De La Souveraineté DOMbes.

Plusieurs doubles tournois de Louis XIII et des jetons à l'effigie du même Prince. — Enfin plusieurs médailles religieuses aux légendes latines et espagnoles, aux types de Nuestra Senora de Aranzazu, de St-Ignace, de St-Antoine de Padoue, etc., et paraissant frappées il y a tout au plus deux siècles.

**Note XX.**

Nous formons un vœu : c'est que la ville de Dax reconnaisse bientôt la nécessité de créer un musée pour recueillir les objets de toute nature qui intéressent à un si haut degré l'histoire et les arts dans nos contrées, et les conserver ensuite comme étude du passé, réalisant ainsi dans le présent un progrès sensible que d'autres cités moins favorisées essaieraient vainement d'atteindre. Que de richesses dont une collection publique aurait déjà pu s'enrichir, qui sont aujourd'hui perdues pour la science! Depuis les temps historiques, notre pays, si souvent traversé, conquis, occupé par tant de peuples divers, a conservé un peu partout l'empreinte de leur passage ou de leur séjour; il en est demeuré des traces que le temps n'a pas encore tout à fait effacées, des indices ignorés jusqu'à cette heure et qui surgissent soudain de distance en distance comme pour nous rappeler ceux qui passèrent avant nous sur cette terre de notre patrie. Malheureusement leur découverte a presque toujours été suivie d'une complète et dernière destruction. Que d'armes antiques, celtes ou romaines; que de monnaies, de médailles, de cippes ou autels votifs, d'urnes, d'amphores cinéraires, de sarcophages, de pierres tombales, de débris architectoniques de diverses époques ont disparu à jamais sans avoir enrichi une collection, grossi une bourse! On nous fera cette objection : Puisque, de votre propre aveu, l'ignorance et la cupidité se sont donné la main pour fondre ou anéantir ces trésors, avec quels éléments formerez-vous votre musée? Avec de la patience d'abord, répondrons-nous, car un musée ne se complète pas en un jour, et la terre n'a pas rendu tout ce qui dort dans son sein. D'ailleurs, la ville de Dax ne possède-t-elle pas déjà un cabinet d'histoire naturelle d'autant plus intéressant qu'il se compose en grande partie de fossiles et autres produits géologiques de notre sol? voilà, ce nous semble, le noyau tout trouvé de cet établissement scientifique auquel viendraient certainement se joindre les dons des archéologues et naturalistes de la contrée, et qui en peu de temps centraliserait ainsi les objets de toutes sortes aujourd'hui disséminés sans jouissance pour personne, demain classés par la science pour l'instruction de tous.

Maintenant que, sans passer pour optimiste, on peut espérer plus que jamais en l'avenir de la ville de Dax à raison de la situation nouvelle que la ligne de fer vient de lui faire et des avantages qu'elle recueillera à coup sûr du tracé de Toulouse à Bayonne que le bon sens pratique des compagnies, l'intérêt des voyageurs, des populations et du commerce ne manqueront pas de diriger vers nous, il faut offrir aux étrangers attirés dans nos murs par nos établissements thermaux, non-seulement les commodités matérielles, le confortable dont la fortune veut jouir et que la souffrance exige, mais encore ce plaisir attrayant de la science dégagée de toute abstraction, étudiée à vol d'oiseau, rendue visible et palpable. Rien ne rehausse, n'ennoblit une cité comme ces monuments de l'intelligence et des arts qui accusent chez l'habitant d'autres préoccupations que celles de la vie positive, et rien ne plaît en même temps à l'étranger comme ces distractions où l'esprit trouve un aliment qu'il s'approprie avec facilité. On pourrait aussi et à la même heure jeter les fondements d'une bibliothèque dont le développement se graduerait sur celui du musée, de façon à faire progresser ces deux établissements réunis en un seul, sous le nom de *Musée-Bibliothèque*, dans un parallélisme complet. Toute idée vraie germera forcément; nous sommes certain que ce progrès signalé à nos concitoyens recevra tôt ou tard son exécution; le vœu que nous formons est que ce jour ne soit pas éloigné.

---

Nous serions ingrat si nous n'adressions pas ici un mot de reconnaissance aux personnes dont le concours bienveillant nous a puissamment aidé à compléter notre travail. M. Sarramagna, curé de Saint-Vincent-de-Sentes, s'est prêté très complaisamment à tous nos désirs en nous communiquant le procès-verbal d'enquête de 1846 et en nous laissant plusieurs fois fouiller son église en tous sens. Notre ami M. Alexandre Duverger, jeune adepte de la science, dont tous les loisirs sont consacrés à l'étude de l'entomologie et de la numismatique, s'est mis à notre disposition avec un entier dévouement pour classer de concert avec nous les pièces de monnaie et médailles diverses provenant du cimetière de Saint-Vincent. Ajoutons que ses connaissances spéciales nous ont été d'un grand secours pour cette partie de notre travail dont il est juste que nous lui abandonnions le principal mérite. Nous avons puisé de précieux conseils auprès de M. l'abbé Jules Bonhomme, du Collége de Dax, dont le savoir égale la modestie, et qui s'est livré à de profondes études sur la hagiographie. Merci de l'accueil bienveillant que nous avons constamment trouvé auprès de lui. Notre reconnaissance est également acquise à M. Raymond Dardy, du séminaire d'Agen, pour quelques notes qu'il a bien voulu nous fournir sur le disciple de St-Caprais, et qui nous ont servi à compléter le parallèle entre les deux saint Vincent d'origine différente.

M. Sauche, de l'Ecole Normale de Dax, a levé au trait la statue de saint Vincent pour former le frontispice de notre ouvrage; nous le remercions bien vivement de son obligeance, ainsi que M. Charles de Behr, dont l'habile crayon a reproduit avec autant d'exactitude que de talent les dessins qui font le sujet des lithographies que nous avons jointes au texte pour sa parfaite intelligence et comme complément indispensable à notre travail.

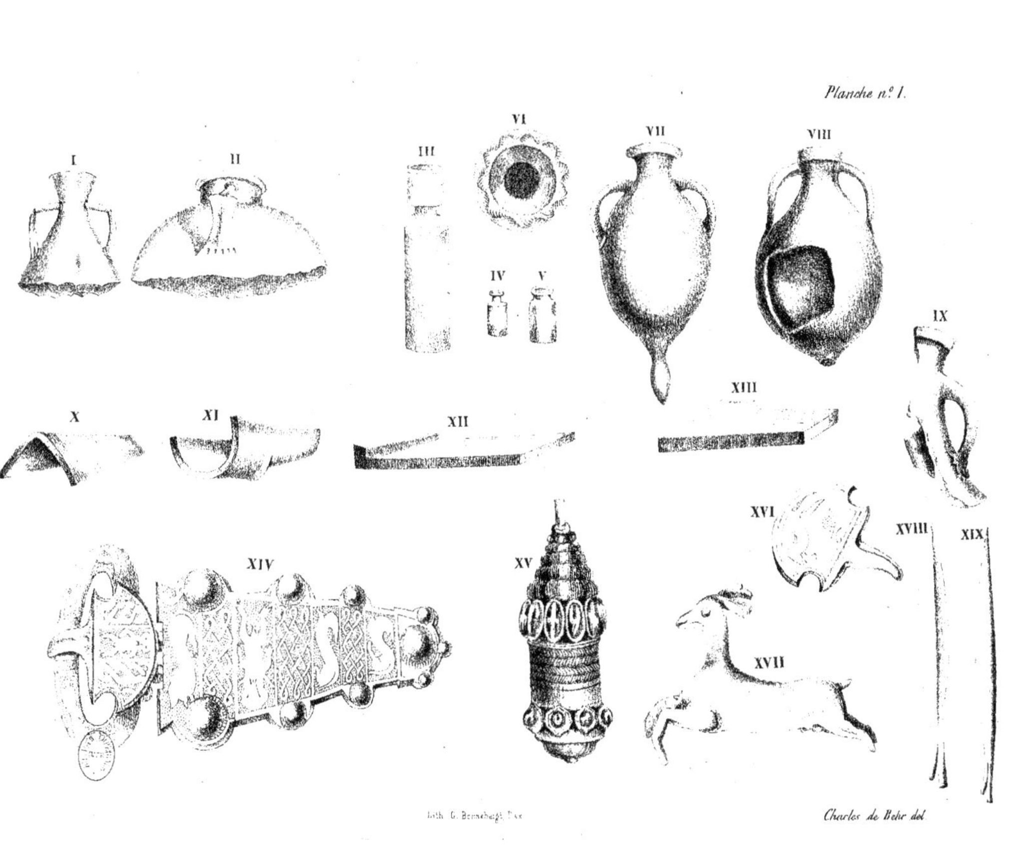
Planche n° 1.
I
II
III
VI
IV
V
VII
VIII
IX
X
XI
XII
XIII
XIV
XV
XVI
XVII
XVIII
XIX
Charles de Behr del.

Planche n° 2.

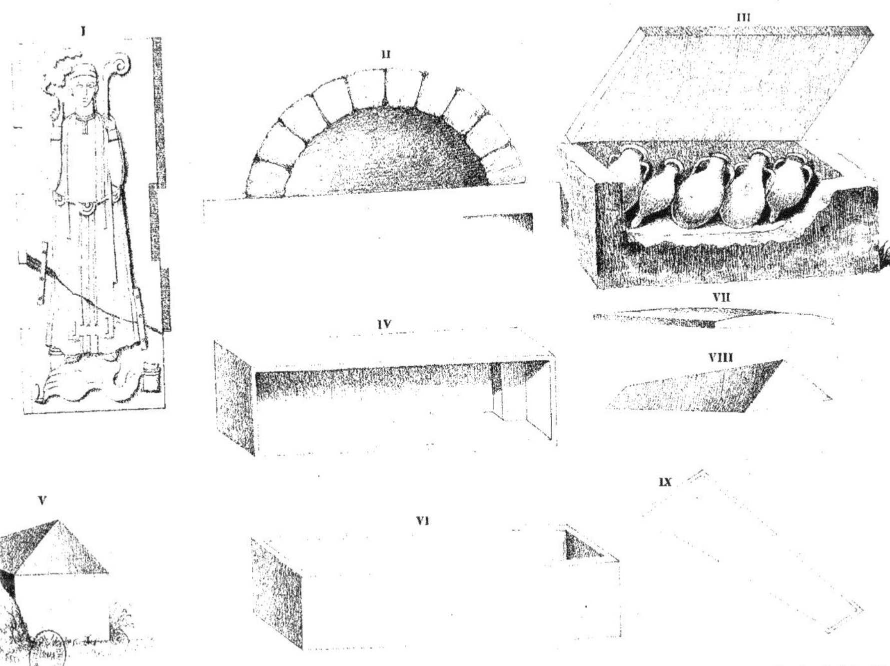


Charles de Behr del.

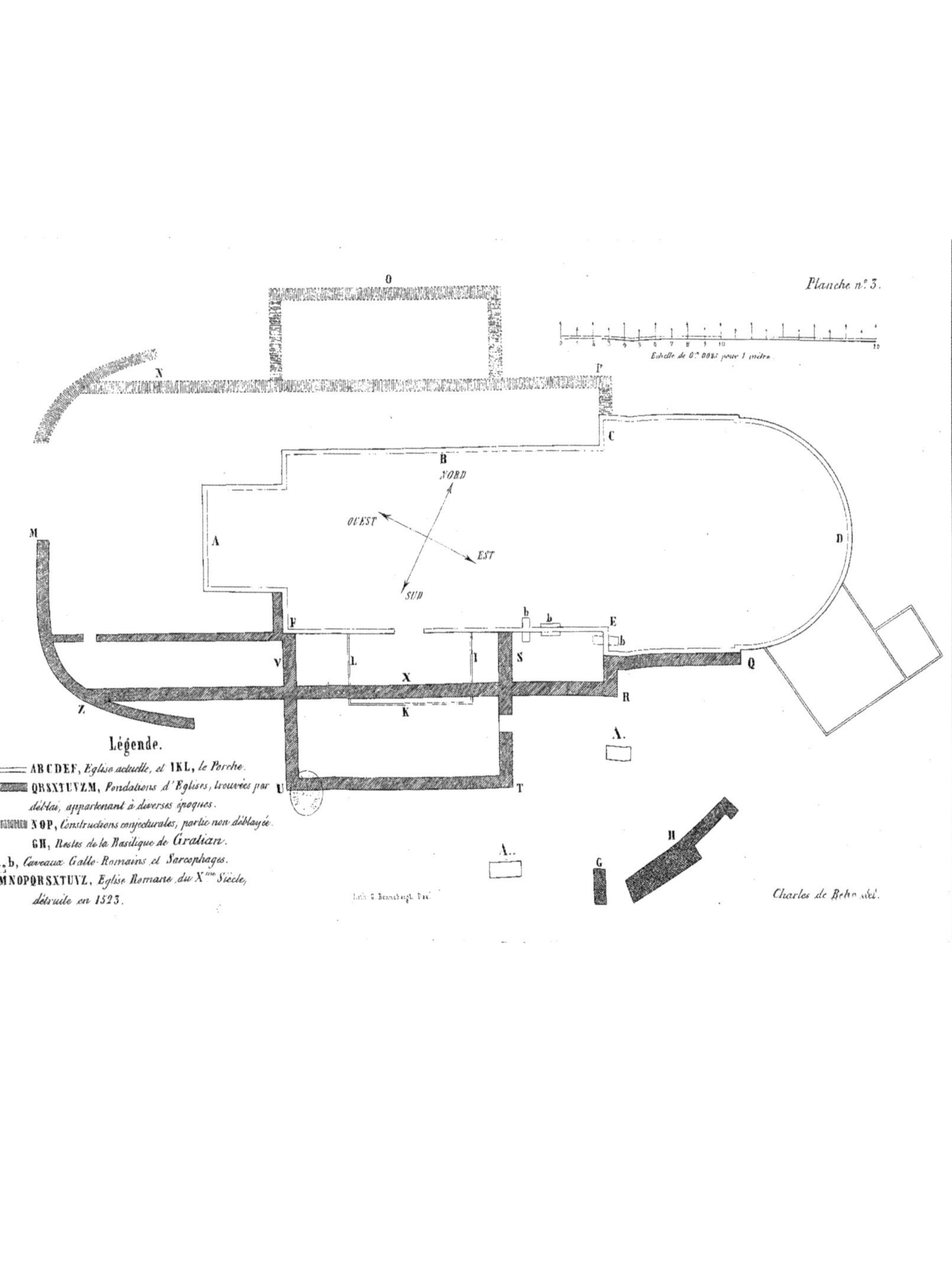
Planche n° 3.
Echelle de 0.m 0025 pour 1 mètre.
O
N
P
C
B
NORD
OUEST
EST
SUD
A
D
M
F
E
b
b
b
V
L
I
S
Q
X
R
Z
K
A.
U
T
A..
H
G
Légende.
ABCDEF, Eglise actuelle, et IKL, le Porche.
QRSXTUVZM, Fondations d'Eglises, trouvées par déblai, appartenant à diverses époques.
NOP, Constructions conjecturales, partie non déblayée.
GH, Restes de la Basilique de Gratian.
A..A.,b, Caveaux Gallo-Romains et Sarcophages.
MNOPQRSXTUVZ, Eglise Romane du X.me Siècle, détruite en 1523.
Charles de Behr, del.

www.ingramcontent.com/pod-product-compliance
Ingram Content Group UK Ltd.
Pitfield, Milton Keynes, MK11 3LW, UK
UKHW022120190726
13855UKWH00003B/967

9 782013 029841